초급 단계 중국인 한국어 학습자의
효과적인 한국 한자어 교육 연구

초급 단계 중국인 한국어 학습자의
효과적인 한국 한자어 교육 연구

강비(姜飞) 저

박문사

머리말

현대 세계는 글로벌화의 큰 물결 속에 떠나가고 있다. 이러한 추세 속에서, 중국과 한국은 정치, 경제, 문화 등 다양한 분야에서의 교류와 협력을 지속적으로 늘어나고 있다. 따라서 한국어 학습은 중국에서 점점 더 뜨거운 열풍이 되어가고 있다. 언어는 인간의 사고를 교류하는 도구이며, 어휘는 언어를 이루는 기본적인 요소이다. 이러한 배경에서, 한국어의 한자어 어휘 교육은 중국인 한국어 학습자들에게 매우 중요한 부분이 되어가고 있다. 한자어는 한국어 어휘 시스템 내에서 상당한 비중을 차지하며, 학습자의 한국어 이해력과 표현력에 큰 영향을 미치기 때문에, 이에 대한 연구는 필수적이다.

한국어 어휘의 분류는 어원 기준을 따르면 다음과 같이 나눌 수 있다.

고유어(固有語): 한국어 고유의 어휘로, 한자어나 외래어가 아닌 어휘를 말한다. 대표적인 예로는 '밥', '잠', '노래' 등이 있다.

5

한자어(漢字語): 중국어로부터 유입된 어휘를 말합니다. 한국어에서 매우 널리 사용되고 있습니다. 대표적인 예로는 '학교', '가족', '생일' 등이 있다.

외래어(外來語): 한국어 이외의 언어로부터 유입된 어휘를 말합니다. 영어, 일본어, 프랑스어 등 다양한 언어로부터 유입된 어휘가 있습니다. 대표적인 예로는 '컴퓨터', '인터넷', '샷' 등이 있다.

그 중에서 한국어의 어휘에는 한자어라는 특수한 요소가 존재하며, 이는 한국어 학습에 있어서 매우 중요한 역할을 수행한다. 현대 한국어 어휘 중에서 대략 절반 이상은 한자어로 구성되어 있으며, 이러한 한자어는 추상적 개념과 복잡한 사상을 표현하는 데에 득히 중요힌 역할을 담당한다.

중국인 한국어 학습자들에게 한자어는 특별한 의미를 지닌다. 한편으로는, 한자어의 발음과 형태는 중국어와 유사하기 때문에 학습자들이 기억하고 이해하는 데에 상대적으로 쉽다. 그러나 다른 한편으로는, 역사, 문화, 언어 구조 등의 차이로 인해 한자어의 의미, 품사, 용법 등에는 중국어와 큰 차이가 존재하므로, 학습자들이 실제 사용하는 과정에서 혼동과 오류를 일으킬 수 있다. 다시 말하면, 중국인 학습자들이 처음 한국어를 배울 때 다른 언어권의 학습자들에 비해 쉽게 한국어를 배울 수 있는 이유 중의 하

6

나가 한국 어 어휘 중에는 한자어가 절반 이상이기 때문이다. 다시 말하면 한국어에 한자어 어휘가 많다는 것이다. 시간의 흐름에 따라 한 국과 중국에서 사용하는 한자의 형태에 변화가 생겼으며 한자어 와 중국어 어휘의 의미에도 차이가 생겼다. 그러므로 동일한 한 자문화권이란 점은 한국어를 학습하는 중국어 화자들에게 유리 하게 작용하는 부분이 있는 동시에 불리하게 작용하는 상황도 초래한다.

중국인 한국어 학습자를 위한 한국어 한자어 어휘 교육 연구는 한국어 학습의 효율과 질을 높이기 위한 필수적인 과제이며, 이는 또한 중국과 한국 간의 문화 교류와 협력을 촉진하는 데에 중요한 역할을 수행할 수 있다. 최근 , 중국과 한국 간의 교류가 빠르게 증가함에 따라, 중국인 한국어 학습자를 위한 한국어 교육 연구는 점점 더 많은 관심을 받고 있다. 그 중에서 한자어 교육은 한국어 교육의 중요한 부분으로 꼽힌다. 국내외 학자들은 다양한 각도에서 한자어를 연구하고 있으며, 이러한 연구 결과들은 한국어 교육에 큰 도움이 되고 있다.

국내에서는 많은 학자들이 중국어와 한국어의 대조를 통해 한자어를 체계적으로 정리하고 분석하고 있다. 그들은 한자어의 한국어에서의 실제 사용 현황에 주목하고 있으며, 한자어가 중국어 학습에 미치는 양적 이전이용과 부작용에 대해서도 깊이 있는 탐구를 하고 있다. 이외에도 다양한 한자어 교육 방법론을 제시하고 있으며, 이러한 방법론들은 실제 교육 현장에 적용할 수 있는 유익한 참고자료가 되고 있다.

한편, 한국에서는 한자어에 대한 연구도 풍부한 성과를 거두고 있다. 그들은 한자어의 역사적 발전과 문화적 함량에 초점을 두고 있으며, 이러한 연구 결과를 교육 현장에 적용하는 방법을 탐구하고 있다. 특히, 말뭉치 기반의 한자어 교육 방법론을 제시하고 있으며, 이는 대량의 실제 언어 자료를 통해 학습자들이 한자어를 더욱 잘 이해하고 사용할 수 있도록 돕고 있다.

따라서 본 연구는 중국인 초급 학습자를 대상으로 〈한국어학습용 어휘 선정 결과 보고서〉의초급 어휘를 선정하여 한국어 한자어와 중국어 어휘의 의미적인 공통점과 차이점을 비교해보고, 중국인 한국어 학습자들이 한자어 학습 과정에서 겪는 문제와 도전점을 깊이 분석하고, 효과적인 한자어 교육 방법과 전략을 탐구하는 것을 목표로 한다. **구체적인 연구 목적은 다음과 같다.**

첫째, 한자어의 한국어 분류 및 특성 명확화: 한자어의 역사적 발전과 현상을 정리하고, 이를 통해 한자어가 한국어 어휘 시스템 내에서의 위치와 역할을 명확히 하여, 교육에 이론적 근거를 제공한다.

둘째, 한자어의 양적 이전이용과 부작용 분석: 중국어와 한국어의 대조를 통해 한자어가 중국인 한국어 학습자들의 학습 과정에 미치는 영향을 분석하고, 이러한 영향이 긍정적인지 부정적인지를 구분한다.

셋째, 효과적인 한자어 교육 방법과 전략 제시: 교육 현장과 이론적 연구 결과를 바탕으로, 중국인 한국어 학습자를 위한 한자어 교육 방법과 전략을 제시하고, 이를 통해 교육 효과와 학습자의 언어 운용 능력을 높인다.

위의 연구 목적을 달성하기 위해, 다음의 문제를 해결해야 한다.

첫째, 한자어는 한국어 어휘 시스템 내에서 어떤 분류로 되어 있으며, 각 분류는 어떤 특성을 지니고 있는가?

둘째, 한자어는 중국인 한국어 학습자들의 학습 과정에 어떤 영향을 미치며, 이러한 영향은 긍정적인지 부정적인지?

셋째, 중국인 한국어 학습자의 특성을 고려하여, 어떤 한자어 교육 방법과 전략을 설계할 수 있는가?

따라서 위의 연구 목적을 달성하기 위해, 본 연구는 1장에서는 우선 어휘의 중요성과 언어 교육의 중요성을 살펴본 후, 한국어 연어 교육에 관한 선행 연구 결과를 바탕으로 연구 방향을 제시한다. 한국어 연어 연구는 국어학, 응용언어학 등 다양한 분야에서 진행되어 왔으며, 그 중에서도 중국어권 학습자를 염두에 둔 연구가 상당히 많이 이루어졌다. 그러나 대부분의 경우 한국어와 중국어의 연어 형태와 의미를 비교하거나 부분적인 연어 교육 방안만을 제시하는 데 그치고 있어, 실제 중국의 한국어 교육 현장에 적용하기에는 어려움이 있습니다.

본고에서 제시하는 선행연구 목록과 교수 방안이 학습자뿐만 아니라 중국인 한국어 교사에게도 교육 지침서와 같은 역할을 할 수 있기를 기대합니다.

제2장에서는 한국어 한자어휘와 중국어 어휘의 특징에서 양국 언어 각각의 일반적 특징을 살펴보고 양국 한자어휘의 특징을 비교해 보았다.

제3장에서는 중국 한어수평고시 HSK에서 제시한 기본어휘 중 초급에 해당하는 HSK 甲급 어휘와 한국어 기본어휘의 비교를 통해 HSK 기본어휘가 한국어기본어 휘에는 어느 정도 수준이며 그 내용은 어떠한 것들이 있는지를 살펴보았다. 역으로 2003년 국어 국립연구원에의〈한국어학습용 어휘선정 보고서〉의 한국어 A등

급 어휘와 중국어기초수준의 어 휘를 분석해 보고 공통적인 어휘, 특히 한자 어휘의 비중이 한국 어 기본 어휘의 전체 한자 어휘 중 55%로 그 비중이 적지 않음을 알았다. 이를 토대로 한국어 A등급의 한자 어휘를 이용한 중국인 초급 한국어 학습자를 위한 어휘 확장전략의 기본 의미를 제시하였다.

제4장에서는 한국어학습용 기본 어휘 A등급과 이에 대응되는 중국어 어휘는 의미상의 차이로 동형동의 한자어, 동형이의 한자어, 동의이형 한자어 세 부분으로 나누어 이를 중국어 어휘와의 공통점과 차이점을 들어 중국인 초급 한국인 학습자들의 어휘 확장에 사용할 수 있는 전략을 마련해 본다. 의미상은 한국에서 사용되는 어휘의 의미가 중국에서는 어떻게 사용되는지를 알아보았으며, 제5장에서는 중국인 초급 학습자를 위한 한자 어휘교육 방법을 마련하기에 앞에 4장에서 분석한 한자어와 중국어 어휘 의미적 비교를 바탕으로 효과적인 초급어휘 교육 방안을 제시하였다.

본서는 중국인 한국어 학습자의 효과적인 교육 방안을 모색하였으며 중국인 한국어 학습자들에게 올바른 한자어 교육의 중요성을 논의한다. 한국어와 중국어의 오랜 교류 역사로 인해, 한자어는 한국어 어휘 시스템에서 큰 비중을 차지하고 있으며, 중국인 학습자들에게 한국어 학습에 유리한 요소가 되기도 하며, 동시에 이해 및 마스터 과정에 방해 요소가 될 수도 있다. 따라서, 효과적인 한자어 교육은 중국인 학습자들의 한국어 학습에 매우 중요한 역할을 한다.

한자어는 한국어 어휘의 핵심적인 부분으로, 고유어와 외래어와 함께 한국어 어휘를 구성한다. 한자어는 크게 세 가지 유형으로 분류할 수 있다. 동형동의(同形同義)한자어, 동형이의(同形異義)한자어, 동의이형(同義異形) 한자어로 나눈다. 한국어와 중국어에서 형태와 의미 모두 일치하는 단어를 말하며, 이러한 단어는 학습자들에게 한국어 학습을 용이하게 해준다. 반면에, 동형이의한자어와 동의이형한자어는 어휘의 의미나 용법에 차이가 있어, 이를 제대로 이해하지 못하면 오해와 오용이 발생할 수 있다.

따라서 본 연구의 의의는 다음과 같다.

첫째, 중국인 한국어 학습자들에게 한자어 교육의 중요성을 분석하였다. 먼저, 유리한 영향으로 보면, 중국인 학습자들은 중국어의 기초를 가지고 한국어를 학습하는 경우, 한자어는 큰 장점이 될 수 있다. 문화적 접근성과 발음의 친숙성으로 인해, 한국어 어휘를 이해하고 기억하는 데 더 쉽게 이끌어질 수 있다. 또한, 한자어를 통해 한국어 어휘를 추측하고 이해할 수 있는 능력을 키울 수 있으며, 한국어 문장을 더욱 잘 이해할 수 있는 기회를 제공한다. 한편으로는 불리한 영향을 살펴보았다. 한자어의 잘못된 이해와 사용은 학습자들에게 큰 방해 요소가 될 수 있다. 특히 동형이의어와 일원한자어, 그리고 한국 민족 자체적으로 만든 한자어는 중국인 학습자들에게 이해하는 데 어려움을 가져올 수 있다. 이러한 경우에, 학습자들은 꼭 구별하고 정확히 이해한 후에 사용해야 한다.

둘째, 올바른 한자어 교육 방법을 제시하였다. 동형동의(同形同義)한자어와 동형이의(同形異義)한자어의 분석 강조하였다. 한자어 교육에서 동형동의한자어의 분석을 강조하는 것이 중요하다. 학습자들에게 동형동의한자어와 동형이의한자어의 차이를 명확히 설명하고, 충분한 연습을 통해 이를 이해하고 적용할 수 있도록 돕는다. 또한 문맥과 어휘 사용 연습을 하였다. 문맥과 어휘 사용 연습은 학습자들이 한자어를 제대로 이해하고 사용할 수 있도록 도와준다. 다양한 문맥에서 한자어를 사용하고, 그에 따른 의미와 용법을 이해하도록 연습을 통해 효과적인 학습을 이룰 수 있다.

셋째, 교육자의 역할를 강조하였다. 교육자들은 학습자들의 한자어 이해 수준을 파악하고, 이에 따라 적절한 교육 방법을 적용해야 한다. 교육자는 학습자들이 어려움을 겪는 부분을 파악하고, 이를 해결할 수 있는 방법을 제시해주어야 한다.

한자어는 중국인 한국어 학습자들에게 한국어 학습에 큰 영향을 미치는 요소로써, 올바른 교육이 매우 중요하다. 교육자들은 학습자들의 한자어 이해 수준을 파악하고, 이에 따라 적절한 교육 방법을 적용하여, 학습자들이 한자어를 제대로 이해하고 사용할 수 있도록 돕는다. 이러한 노력을 통해 중국인 학습자들의 한국어 학습 성과를 향상시킬 수 있을 것이다.

목차

16

제1장

서론

01
연구의 필요성 과 목적

한국어 어휘는 그 기원에 따라 고유어와 외래어, 한자어로 나뉘는데 그 중에서 한자어 어휘가 상당한 비중을 차지하고 있는 것은 주지하는 사실이다.[1] 오늘날 한자어 없이 언어생활을 하기란 거의 불가능하다.

최근 한국어를 학습하는 외국인이 많아지면서 그 중 약 70%

---

[1] 『표준국어대사전』(1999)의 통계 자료를 보면 현대 한국어는 크게 고유어, 한자어, 외래어, 혼종어로 나뉘는데 그 중에서 한자어가 57.12%로 한국어 어휘 중에서 가장 큰 비중을 차지하는 것으로 나타났다.
김광해(1989: 106)에서 국어의 語彙 구성비를 다음과 같이 제시했다.

사전별	고유어	한자어	외래어
한글학회 큰 사전(1957)	45.46%	52.11%	2.43%
이희승국어대사전(1961)	24.4%	69.32%	6.28%

白林 · 崔健 (1991: 60)에 따르면『우리말 小字典』에 수록된 62,948개의 우리말 중 한자어가 33,030개로 52.47%를, 비한자어와 고유어(외래어포함)가 29,918개로 47.53%를 차지한다.
이용주(1974: 19-27)에 의하면 56,096개의 낱말 가운데 한자어가 39,563개로, 비한자어가 16,533개로 29.47% 차지한다.

이상이 중국인 유학생이라고 할 만큼 한국어를 배우는 중국인 유학생의 수는 많다. 중국인 학습자들이 처음 한국어를 배울 때 다른 언어권의 학습자들에 비해 쉽게 한국어를 배울 수 있는 이유 중의 하나가 한국어 어휘 중에는 한자어가 절반 이상이기 때문이다.

그러나 언어는 시간·공간 및 语族과 관계없이 語彙·語法·音韻 등의 측면에서 끊임없이 변화 발전한다. 이에 따라 한국과 중국에서 사용하는 한자의 형태에 변화가 생겼으며 한국의 한자어와 중국어 어휘의 의미에도 차이가 생겼다. 즉, 한자어도 처음 한국에 들어왔을 때 그 모습과 형태는 중국어와 같지만 시대의 변천에 따라 형태·의미·품사 및 용법 등 여러 면에서 다른 모습으로 바뀌었으며, 첨가와 탈락의 과정을 거쳐 원어와 일정한 공통점과 차이점을 나타내는 양상을 보이고 있다. 그러므로 동일한 한자문화권이란 점은 한국어를 학습하는 중국어 화자들에게 유리하게 작용하는 동시에 불리하게 작용하는 상황도 발생된다. 예를 들어 한자어 '공부(工夫)'는 한국에서는 '학습'이라는 뜻인데 중국에서는 '시간' '본령(本領)'이라는 의미로 쓰고 있다.

따라서 본 논문에서는 한국어 학습용 어휘 선정 보고서의 A등급 한자 어휘를 선정해서 중국어 어휘와 비교하면서 의미적인 차이점을 살펴 제시한 후 한국어를 배우는 초급 단계의 중국인 학습자를 위한 한자 어휘 교육 방안을 제시하겠다.

22

0**2**

연구방법

○
○○
○

  본고에서는 한국어와 중국어 어휘의 유사성과 차이점을 형태, 의미적인 분석을 통해 살펴보고, 이를 한국어 교육에 활용하여 효과적인 한국어 어휘 교육 방안을 연구해 보았다. 중국인 학습자를 대상으로 한 한국어 어휘 교육에 적용해 본다면 효과가 있을 것으로 생각한다.

  1장에서는 연구의 목적과 연구의 필요성을 제시하고 연구의 범위와 방법에 대해 제시하였다. 연구의 범위는 〈한국어 학습용 어휘 선정 결과 보고서[2]〉의 초급 어휘 선정하였다. 연구방법은 선정된 초급어휘에 있는 한자어를 중국어 어휘와 비교하면서 의미적인 차이점을 살펴 제시 한 후 한자어를 중심으로 한국어 어휘 교육 방안을 제시하겠다.

---

  2 조남호(2003) 한국어 학습용 어휘 선정 결과 보고서. 국립국어연구원

2장에서는 한국어 한자어와 중국어 양국 어휘의 일반적인 특징을 비교해 보겠다.

3장에서는 중국 한어수평고시 HSK[3]에서 제시한 기본어휘 중 초급에 해당하는 HSK 甲급 어휘와 한국어 기본어휘의 비교를 통해 HSK 기본어휘가 한국어 기본어휘에 비교하여 어느 정도의 수준이며 그 내용은 어떠한 것들이 있는지를 살펴보았다. 2003년 국어국립연구원에서 발행한 한국어 〈학습용 어휘선정 결과 보고서〉의 기본어휘와 초급 HSK의 기본어휘를 중심으로 그 공통점과 차이점을 비교하였다. 이를 토대로 한국어 A등급의 한자 어휘를 이용한 중국인 초급 한국어 학습자를 위한 어휘 확장전략의 기본 의미를 제시하겠다.[4]

4장에서 한자어 어휘는 〈한국어 학습용 어휘 선정 결과 보고서〉를 참고하여 그 중 A급 한사어를 신정하고 선정한 한자어들은 의미적 중국어 어휘와 비교 하겠다. 중·한 양국 어휘 의미상의 공통점과 차이점을 비교 분석하여 동형동의어(同形同義語), 동형이의어(同形異義語), 동의이형어(同義異形語)로 분류하겠다.

5장에서는 중국인 초급 학습자를 위한 한자어휘 교육 방법을

---

3 HSK란 중국어 검정시험으로한어수평고시(汉语水平考试)의 한어병음 말음인 HanyuShuipingKaoshi에서 나온 용어임. 응시 대상은 외국인뿐 만 아니라 중국 내 소수민족 또한 응시가 가능하며 초·중·고급의 3 단계로 나누어진다. 총 1급에서 11급까지 이며 급수가 높을수록 고급단계이다.

4 김수희(2005)를 주로 참조하였다

마련하기 위해 4장에서 분석한 한자어와 중국어 어휘의 의미적 비교를 바탕으로 효과적인 초급어휘 교육 방안을 제시하였다. 본고에서는 발음을 이용한 어휘교육, 의미를 이용한 어휘교육, 표기를 이용한 어휘교육 방안을 제시하겠다.

03
선행 연구에 대한 검토

○
○ ○
○

외국인으로서의 한국어교육에 대한 연구는 역사가 길지 않기 때문에 한자어 교육에 대한 논의도 많지 않았으며, 그 중에서 초기 연구는 대부분은 한·중 한자어 비교에 대한 연구이었다.

한·중 어휘 비교에 관한 연구는 1985년 이후부터 이루어지기 시작하였다. 그 동안의 연구들은 대부분 2음절 한지어를 대상으로 삼고, 주로 의미와 형태를 비교하는 방법으로 다루어졌다. 또한 대부분 연구들은 한국어 화자들에 의해 진행되었다.

최덕은(1986)에서는 한자어와 형태가 같은 260개의 중국어 어휘를 선정하여 조선어로 쓰일 때와 한어로 쓰일 때의 의미를 비교하였다.

정승의(1987)에서는 한·중 한자어의 변천 과정과 사용 현황을 논의하였다. 특히 2음절 한자어와 4음절 한자 성어에 대해 집중적으로 분석하였다. 이 논문은 한국 상용 한자어에서 선정한 어휘들로 한·중 동형이의어는 의미의 확대, 축소 등의 내용을 한국어 학습에 이용한다면 중국인 한국어 학습자를 위한 한국어 어휘 확장에 도움이 될 것으로 판단된다.

허벽(1994)는 한·중 양국의 통용되는 어휘는 시대별로 고대 한국 한자어가 가장 많고, 중고 한어시기 어휘와 근대 한자어휘가 그 다음 순이며 현대 한어어휘는 가장 적다고 밝히면서 한·중 양국이 각기 다른 어휘로는 일본으로부터 흡수한 한자어, 글자가 전도된 경우, 외래어의 중문표기 등을 예로 들었다.

이득춘(1994)에서는 중국어 문장들을 선정하여 그 문장 안의 중국어 어휘를 한자어와 구조적·의미적으로 비교를 하여 그 차이를 분석하였다. 구조적 차이를 보여주는 부류는 한국어 한자어와 중국어 단어가 한자순서의 차이를 보여주는 것과 음절수의 차이를 보여주는 것 두 가지로 나누어 비교하였다. 형태부(한자)도 같고 결합 순서도 같은 것으로 구조적으로 변화가 없지만 의미적인 차이를 보여주는 부류는 동형어로 분류하였다.

심재기(1999)는 한국에 수용된 경위를 시대적으로 개관하고 한국에서 사용하는 많은 한자어들이 사실상 일본어의 한자어 표기어인 경우가 많다고 지적하고 있다.

최금단(2001)은 『현대중국어와 현용 한국 한자어 동사의 대비연구』 논문에서 현대 중국어 동사와 현대 한국 초등학교 동사 의미의 [명사적 어근+동사적 어미(~하다)]型에 속하는 한자어 어휘를 비교 연구하였다.

이 외에도 진영심(2003) 고뢰(2004) 최귀숙(2004) 장수화(2005) 두임림(2007) 등이 있다.

위의 논문들은 한국 한자어와 중국어 어휘의 공통점과 차이점을 분석하여 한자 어휘 오류를 일으키는 원인을 파악할 수 있다는 점에서 필요한 연구들이다.

최근 한국어를 학습하는 중국인이 많아지면서 중국인 학습자를 위한 외국어로서의 한국어 교육에 관한 연구도 많이 이루어지고 있다. 그 중에서 한자어를 중심으로 한국어 어휘 교육방법에 대한 연구가 이루어지고 있다.

정승혜(1998)은 현재 한국어 교육 현장에서 많이 쓰이는 기존 한자 교재를 비교·분석하였다. '常用漢字 200字'에서 외국인을 위한 國語 漢字를 선정하고 漢字를 교수함에 있어서 한자 권과 비한자권으로 분리하였다. 한자권 학습자들은 다시 일본 학습자, 중국 학습자, 대만 학습자로 분류하였고, 비한자권 학습자들은 한국 초등학생들이 한자를 배우는 방법을 응용하였다.

후문옥(2003)에서는 중국인 학습자를 대상으로 적합한 한국어 어휘 교육 방법을 기술했다. 이 논문은 중국에 거주하는 중국인 한국어 학습자들을 대상으로 한국어 어휘 학습 시 겪는 어려움과 요구상황을 설문조사 하고 문제점을 파악한 다음에 기존의 어휘 교육 이론과 연구 결과를 바탕으로 중국어와 한국어의 어휘 차이를 비교 분석하여 중국인의 시각에서 중국인 학습자들의 실정에 맞는 세부적인 교육 방법을 제시하고 있다.

김수회(2005)에서는 한국어 학습을 시작하는 중국인 초급학습자를 대상으로 한국어 어휘를 보다 쉽고 다양하게 확장 시킬 수 있는 교육 방안 마련을 위해 한국어와 중국어의 공통점과 차이점을 통해 중국인 학습자들이 한국어 어휘 학습 전략에 효과적인 교육 방안을 제시하고 있다.

전미연(2009)에서는 한국어를 배우는 중급 단계의 중국인 학습자들을 위한 한자 어휘 교육 방안을 마련하였다. 이 논문은 기존의 중급 한국어 교재에 있는 한자 어휘를 분석하고 기존 교재의 문제점을 제시하였다. 그 다음에는 중급 중국어 학습자의 관계를 통해 중국인 학습자가 사용하는 한자 어휘와 자주 일으키는 한자 어휘의 오류를 찾아서 그 오류의 유형과 원인을 분석하였다. 분석한 한자 어휘를 바탕으로 중급 단계의 중국 학습자에게 필요한 한자 어휘를 선정하고 교육 방안을 기술하였다.

이들 연구의 공통점은 한국 한자어를 중국어와 비교, 분석하여 양국 어휘의 공통점, 차이점과 그 원인을 밝혀내고 이를 일목요

연하게 정리하여 중국어와 한국어를 배우는 학습자에게 보다 효율적인 학습방법을 제시하고자 하였다.

제2장

한국과 중국의 한자 어휘 특징 비교

본 장에서는 한국어 한자 어휘와 중국어 특징을 알아보고자 한후, 한국어와 중국어 어휘의 일반적인 차이점을 간략히 비교해보고자 한다. 한국에서 사용하는 대다수의 어휘는 중국에서 유입되었으나 한국의 시대적인 역사와 함께 사회적 특성에 맞게 변화하였다. 다시 말하면, 초기에 중국에서 차용된 어휘들이 시대의변화에 따라 그 의미와 형태, 음운 체계가 변하면서 현재 중국에서 사용되고 있는 한자 어휘와는 발음과 의미에 있어 큰 차이가있다.

따라서 본장에서는 중국인 학습자를 위한 어휘 교육 방안의 연구를 위해 기본적으로 한국어와 중국어의 한자 어휘의 특징을 살펴보고 양국의 언어의 한자 어휘에 대한 차이점을 비교해 보고자한다.

01

현대 중국어 어휘의 특징

○
○
○

중국어의 어휘는 기본어휘(基本語彙)와 일반어휘(一般語彙)로 나누어진다. 基本語彙는 보편성 · 안정성 및 비 조어력을 가지고 있는 반면에 一般語彙는 전문성 · 불안전성 및 비 조어력(非造語力)을 가지고 있다. 기본어휘는 어휘의 핵심으로서 고정불변의 특징을 가지고 있다. 이는 신어(新語)의 딘생괴 언어의 번역작업에 있어서 유리하게 작용하는 면이다. 한국어는 중국어와 마찬가지로 중국어에서 차용한 기본어휘를 바탕으로 많은 어휘를 새로 조어(造語)하였는데 이로 인하여 동일한 형태소를 가진 중국어와 한국어의 의미차이와 변화를 야기시켰다.

一般語彙는 시간의 흐름과 사회의 변화에 수반되는 언어적 수요에 의해 변화적 양상을 보이고 있다. 이는 사회 발전에 의한 언어적 수용을 충족시키는 한편 더욱 정확하고 생동적인 언어의 구사능력을 향상시키는 작용을 하고 있다(최금단, 2001).

중국어 한자 어휘의 특징은『中國語大百科全書』에서 현대 중국어 어휘의 특징을 참고하여 다음과 같이 제시하고 있다.

첫째, 중국어는 단음절 형태소를 토대로 조어력이 풍부하다.
둘째, 단어의 결합 방식이 문장 구조와 일치한다.
셋째, 중국어는 고립어이다.
넷째, 단어가 이음절화 되는 추세가 있다.
다섯째, 중국어는 성조 언어이다.
여섯째, 중국어에는 명사를 세는 단위로 양사가 있다.
일곱째, 음역한 외래어가 적다.

첫째, 중국어는 단음절 형태소를 토대로 조어력이 풍부하다.
'火', '打', '好'는 한 개의 형태소로 이루어진 다음절 어휘이고, '烈火', '打擊', '良好' 등은 두 개의 형태소로 이루어진 2음절 어휘이며, '打字機', '運動場', '電影院'은 세 개의 형태소로 이루어진 3음절 어휘들이다. 이것으로 보아 중국어의 어휘는 단음절 형태소를 토대로 하고 있다는 것을 알 수 있다. 다음으로 어휘의 발달 상황을 보아도 역시 단음절 어휘가 단음절 어휘보다 많다는 것을 알 수 있다.

일곱째로 음역한 외래어가 적다.

어휘의 어근이 많고 문자와 어음구조(語音構造)가 특별하기 때문에 외래어를 음역하는 경우가 매우 드물다.

02

현대 한국어 한자어휘의 특징

한국어에는 고유어 외에도 한자어와 외래어 등이 포함되어 있는데 한국어 반수 이상을 차지한다고 해도 지나침이 없는 한자어는 삼국시대부터 사용되어 오면서 한국인의 언어생활에 중요한 부분을 자리 잡아 왔다. 한자는 形 · 音 · 義를 나타내는 표의문자로 한자어는 주로 문자로 사용될 때 분명한 의미 파악이 가능할 경우가 많다. 그러나 오랜 세월을 두고 사용돼 온 한자어의 고유어와의 유추에서 온 많은 어휘가 고유어와 구별하기 어렵다(李庸周, 1974: 1).

한국어 한자 어휘의 특징은 김미정(2004)에서 한국어 교육의 입장으로 정리하여 제시하고 있다. 본고에서는 이를 바탕으로 한국어 한자 어휘의 특징을 다시 정리 하면 다음과 같다.

첫째, 조어력이 뛰어나다.

둘째, 동음이의어가 많아 의미 파악에 방해가 된다.

셋째, 한자어는 주로 전문어로 많이 쓰인다.

넷째, 한자어는 양면성을 가지고 있다.

다섯째, 중국과 일본에서 쓰는 한자어와 동일한 것이 많다.

여섯째, 한자어는 속자나 약자보다 정자를 많이 쓴다.

일곱째 ,한자어는 한자를 음독한다.

한자어의 조어력은 한국어에서 중요한 특징으로 하나의 형태소가 그 놓는 위치에 따라서 의미, 발음, 형태가 모두 다른 새 단어를 만들 수 있다는 것이다. 그리고 한자어는 동음이의이어가 많아서 의미 파악에 어려움이 많이 있다. 예를 들어 공해 같은 경우 公海(공해)와 公害(공해)의 두 가지가 있는데 한자가 있을 때는 이를 쉽게 구별할 수 있지만 한자가 없는 상황에서는 문자의 앞, 뒤 문맥에 따라 구별을 해야만 오류가 생기지 않는다.

또한 한국 한자어는 양면성을 가지고 있는데 이것은 한자어가 한국어적 성격과 중국어적 성격을 동시에 가지고 있는 것을 말하는 것이다(김규철, 1997: 266). 마지막으로 중국어와 한국어의 한자 어휘는 형태와 의미는 거의 비슷하지만 그 발음이 많이 다르다. 중국에서는 같은 한자라도 성조와 병음으로 그 표기를 달리 하는데 한국에서는 그 한자의 음을 그냥 읽는 것이다. 예를 들면 '學'이라는 한자어의 경우 한국에서는 '학'이라고 발음하지만 중국에서는 xue(쉐)라고 읽는다. 이렇게 같은 한자어이지만 그 발음이 다르기 때문에 중국인 학생들이 한국어의 한자 어휘를 사용 할 때 발음이나 쓰기에 있어 오류가 발생하는 것이다.

03
한국어와 중국어의 한자 어휘 특징 비교

○
○
○

위의 내용을 토대로 중국어와 한국어 한자 어휘의 특징을 비교하여 제시하겠다. 양국의 한자 어휘의 특징은 크게 2가지의 공통점과 3가지의 차이점이 있는데 먼저 공통점부터 살펴보면 다음과 같다.

첫째, 조어력이 풍부하다.
둘째, 양국의 한자 어휘는 동음이의어가 많다.

양국의 한자 어휘는 모두 조어력이 풍부한데 단음절의 한 글자가 따로 의미를 가지고 있거나 단음절 어휘 두 개로 의미, 발음, 형태가 다른 2음절, 3음절, 4음절의 어휘를 만들 수 있다. 하지만 약간의 다른 점은 보통 중국은 단음절 어휘나 2음절의 어휘가 많은 반면에 한국은 2음절, 3음절, 4음절어가 많다.

그리고 양국의 한자 어휘는 동음이의어가 많은데 한국에서는 주로 한국어 표기 형태는 같으나 한자어 표기는 다르게 나타나는 경우가 많고 중국에서는 글자와 음은 같으나 성조가 달라서 그 뜻이 달라지는 경우가 많다.

다음으로 양국의 한자 어휘의 차이점은 다음과 같이 정리하여 제시할 수 있다.

첫째, 한국어 한자 어휘는 2음절, 3음절, 4음절어가 발달했다.

둘째, 중국어는 성조 언어이다.

셋째, 한국어 한자어는 속자보다는 정자를 많이 쓴다.

위의 내용을 좀 더 구체적으로 살펴보면 먼저 중국어의 단음절어는 현대로 들어오면서 더 세분화하고 더 정확하게 이해하기 위해서 2음절 어휘가 되는 추세에 있는데 반해 한국어는 2음절, 3음절, 4음절어가 많이 발달했다. 둘째, 중국어는 한국어의 한자어와 다르게 성조 언어인데 중국어를 공부할 때 발음보다는 성조를 먼저 배운다. 그 만큼 성조를 중요시 하는 것이다. 글자나 단어, 형태, 발음이 똑같더라도 성조가 다르면 뜻이 완전히 달라지거나 품사가 달라진다. 예를 들면 '和(he)'는 2성일 때는 한국으로 '온화하다, 평온하다'의 뜻이고 4성일 때는 '부화뇌동하다, 다른 사람의 말의 화답하다.' 라는 뜻이 되고 '喝(he)'는 1성일 때 '마시다'

의 뜻이고 4성일 때 '부르다, 외치다'라는 뜻으로 완전히 그 뜻이
달라지는 것이다.

마지막으로 한국의 한자어는 번체자를 많이 사용하는데 반해
중국에서는 1956년 2월 〈漢字簡化方案〉 시행 뒤 간체자를 많이 쓰
고 있다. 번체자의 경우는 중문 교재에서 나오는 자료나 전문 연
구 등 학술적 방면에서만 쓰이고 있다. 그러나 한국은 아직도 번
체자의 한자어를 그대로 쓰고 있고, 이는 중국과의 수교 전에 대
만과의 국가적 교류로 인해 차용된 듯하다. 이런 점은 번체자에
익숙하지 않은 중국인(대륙) 학습자에게 있어 한국어 학습에 어
려움을 주고 있다.

제3장

한국어와 중국어 어휘 형태상의
비교

본 장에서 살펴볼 내용은 한국어 초급어휘와 중국어의 기본적인 상용 어휘 형태상의 비교이다. 비교의 목적은 첫째, 두 언어의 초급 어휘에서 다루고 있는 어휘의 유형과 품사, 그리고 품사별 쓰임, 어휘 내용 등을 살펴보아 어떠한 차이를 나타내고 있는지를 알아보기 위함이다. 둘째, 중국어 HSK 기본 어휘의 초급 수준인 甲급 어휘가 한국어 기본어휘에는 어떠한 등급으로 쓰였는지를 밝혀 중국인 초급학습자가 느낄 수 있는 어휘 수준의 혼동과 한국어 학습 시 한국어의 초급 수준에 어휘가 무엇인지를 가늠해 볼 수 있도록 하겠다. 셋째, 한국어 학습용 기본어휘 A등급에 대응되는 중국어 甲급 어휘를 비교하여 한국어 초급어휘의 비중이 어떠한지 알아보겠다.

본 논문은 한국어를 학습하는 중국인 초급 학습자들을 위해 한국어 기본어휘와 중국어기본어휘의 차이가 밝혀 한국어 학습에 도움을 주고자 함이다.

분석 대상은 한국어 학습용 어휘선정 결과 보고서의 한국어 기본어휘 중 초급수준에 해당하는 A등급 982개와 중국어 능력고사인 한어수평고시에서 선정한 HSK 어휘 8822 중 초급수준인 甲급 해당 어휘 1,033개이다.

한국어 학습용 어휘선정 결과 보고서는(국립국어연구원, 2003) 외국인을 위한 한국어 어휘 선정 보고서 중 가장 최신의 것으로 총 5,965어휘를 A등급 982개, B등급 2,111개, C등급 2,872개로 설정하여 놓았다. 2002년 10월 자문위원회를 거쳐 6000개의 선정 어휘의 수와 조사와 어미를 선정에서 제외하는 것 그리고 동일 단어에 따른 품사 구분과 의미가 예상 가능한 복잡어도 선정하자라고 그 범위를 논의하였다. 현대 국어 사용 빈도 조사에서 1회라도 출현한 것으로 조사된 어휘는 59,000 여 개로 이중 빈도 순위 10,352(출현 빈도 15회 이상)안에 든 단어만 등급을 판정하는 것으로 하였다. 박지영(서울대), 이미혜(이화여대), 정명숙(고려대), 조항록(연세대), 조현선(연세대), 조현용(경희대)의 총 6명이 이 연구에 참여하였다. 위 여섯 명의 선정 위원 각각의 결과는 1차적으로 A, B, C, D, E등급으로 나누어졌으며, 여섯 명의 선정 위원이 선정한 각각의 등급을 A,B,C단계로 다시 조정하는 부분에서 각 등급 당 선정 위원 수를 우선적인 기준으로 하되, 순차적 적용 기준을 정하여 그 단계를 확실히 하였다. 이후 조정과 최종 검토를 통해 A등급 982개, B등급 2,111, C등급 2,872개(총5,965개)의 한국어 어휘 선정 결과보고서를 완성하였다.

　중국 한어수평고시(HSK)는 중국어를 모국어로 하지 않는 사람의 중국어 능력을 측정하기 위해 만들어진 시험이다. 이 시험은 북경 어언 문화대학 한어수평고시중심(漢語水平考試中心)이 출제, 주관한다. HSK 어휘 8,822는 1992년에 발표된 〈漢語水平詞彙等級大綱〉에 따른 것이다. 〈漢語水平詞彙等級大綱〉에는 갑급(甲級)어휘 1,033개, 을급(乙級)어휘 2,018개, 병급(丙級) 어휘 2,002개,

정급(丁級)어휘 3,569개 등 총 8,822개의 어휘가 포함된다.

1) 한국어 어휘

〈표 1〉 한국어 학습용 어휘 목록 품사별 분포

품사별	명사	고유명사	의존명사	대명사	수사	동사	형용사	보조용언	관형사	부사	감탄사	분석불능	합계
A단계	497	21	33	32	45	155	75	18	27	65	12	2	982

〈표 2〉 한국어 학습용 어휘 목록 어종별 분포

품사별	고유어	고+외	고+한	한자어	한+외	외래어	합계
A단계	554		65	310	1	52	982

2) 중국어 어휘

중국어는 한 어휘 당 다양한 형태의 품사를 가지고 있다. 여러 개의 품사를 가지고 있는 어휘의 대표적 품사 선정에서는 넥서스 CHINESE에서 제시한 품사 중 중점적으로 사용한 품사, 즉 중국어 어휘 해석의 처음 앞부분에 제시한 것을 대표 품사로 삼아 각 품사의 수를 세어 보았다. 아래 제시한 HSK 선정 초급 어휘 품사 구분은 정확한 것이라고 하기에는 어려움이 있으나 한국어와의 비교 위해 간단히 마련한 것임을 알아두자.

〈표 3〉 HSK 선정 초급 어휘 품사

품사별	초급
명 사	401
동 사	289
형 용 사	119
부 사	50
조 사	14
개 사	14
양 사	39
수 사	16
접 두 사	1
접 미 사	1
감 탄 사	4
대 명 사	45
조 동 사	7
연사 (접속사)	7
성 어	–
의 태 어	1
관 형 사	14
합 계	1,033

01

HSK甲급 어휘와 한국어 기본어휘와의 비교

1.1. 목적 및 방법

본 장에서는 중국인들이 생각하는 기초 수준의 기본어휘는 무엇이고 한국어 기본어휘에서는 어떠한 수준의 등급으로 사용되었는지를 비교해 보고자 한다. 기본어휘라 함은 언어 환경에서 그 사용 빈도가 높으며 타인과의 의사소통에서 기본이 되는 어휘들을 묶어놓은 것이다. 중국인들이 의사소통에서 꼭 필요하다고 생각하는 어휘가 무엇인지를 알아보고 한국어 어휘와 비교를 통해 어떤 차이가 있는지를 알아보고자 한다. 여기서 공통되는 것은 문제가 되지 않겠지만 서로 다른 어휘이거나 중국어에서는 초급어휘인데 한국어에서는 고급수준의 어휘의 경우 실제 중국인 학습자들이 한국어를 배울 때 약간의 방해 요인이 될 수도 있겠다. 다시 말해 중국어의 초급수준 어휘가 한국어에는 고급일 경

초급 단계 중국인 한국어 학습자의 효과적인 한국 한자어 교육 연구

우, 중국인 학습자들이 의사소통을 할 때 중국어의 영향으로 초급문장 수준에는 한국어 고급수준의 어휘를 사용하는 어색한 문장 표현을 사용할 수도 있다는 것이다.

즉, 이러한 비교는 중국인 한국어 학습자들이 한국어를 사용할 때 저지를 수 있는 어휘 수준에서의 오류와 그 이유를 가늠해 볼 수 있을 것이다. 이 비교는 한중 양국 기본어휘의 비교를 통해 중국인 학습자들이 느끼는 어휘 수준의 혼동과 한국어 어휘를 학습할 때 무엇이 중요시되고 기초적인 어휘인지를 명확히 하여 한국어 학습 시 도움을 주고자 한다(김수희, 2005).

HSK 甲급 어휘와 한국어 어휘를 비교하는 방법은 다음과 같다. 우선 HSK 甲급 어휘 1,033개와 이들의 한국어 의미를 나열한 다음 이들 어휘 각각의 어휘들이 갖고 있는 기본적이며 많이 사용되고 있는 의미를 중심으로 한국어 학습용 어휘선정 결과 보고서에(국립 국어연구원, 2003)서 밝힌 한국어 어휘들과의 비교를 통해 그 수준을 표시하여 보겠다. 중국어 어휘는 하나의 어휘에 다양한 품사와 의미들을 가지고 있어 한국어 어휘와의 비교를 통한 어휘수준 책정에 많은 어려움이 있다. 따라서 일어날 수 있는 다양한 변인들을 제거하기 위해 별도의 비교기준을 마련해 보았다. 내용은 아래와 같다.

▶ HSK 甲급 어휘와 한국어 학습용 어휘선정 결과 보고서의
기본어휘와의 비교 기준

① HSK 甲급 어휘의 한국어 의미 해석은 넥서스 HSK 기본어
휘 분류 도서의 내용을 기준으로 한다. 단, 중국어의 특성상 HSK
초급 어휘의 한국어 의미는 다양하게 표기될 수 있다.

② 하나의 어휘가 완전히 다른 2개 이상의 뜻을 가질 경우, 그
어휘의 가장 기본적인 뜻을 기준으로 하되 전혀 다르다고 판단되
면 각각을 따로 표시한다.

예: 翻

HSK 甲급	발음	품사	한국어 의미	한국어에 대응되는 등급
翻	fan1	동사	뒤집다. 뒤집히다. 넘다. 넘어가다. 번역하다. 사이가 나빠지다.	B, C

③ 둘 이상의 품사를 가지고 있는 경우의 한국어 등급 표시는
"/"로 한다. 예를 들면 "變化"라는 어휘가 동사와 명사를 갖는다
면 이에 대응되는 한국어 등급 표시는 "B/C"로 한다. 또 만약 동
사형에 대응되는 등급이 없을 경우 "/C"와 같이 동사 표시부분을
공란으로 놓도록 하겠다.

④ 하나의 어휘가 두 개 이상의 품사를 가질 경우, 각 품사에 해당하는 의미를 비교하되 한국어에 해당 어휘가 있는 것만 표기한다.

예: 感冒

HSK 甲급	발음	품사	한국어 의미	한국어에 대응되는 등급
感冒	gan3mao4	명/동	감기/감기에 걸리다.	A/

⑤ HSK 초급 어휘에 표기된 의미가 한국어 어휘에 존재하지 않을 경우 기본형으로 바꿔 비교한다. 단, 동사나 형용사형을 명사형으로 품사를 바꾸어 비교하지는 않는다.

예: 请问은 무엇인가를 물을 때 실례하다의 의미를 포함하여 사용되는 어휘로 한국어 의미 해석의 "실례 합니다."를 실례하다의 기본형으로 바꾸어 비교한다.

예: 请问

HSK 甲급	발음	품사	한국어 의미	한국어에 대응되는 등급
请问	qing3wen4	-	실례 합니다./말 좀 물어볼게요.	A

⑥ HSK 기본어휘의 의미 폭이 너무 넓어 의미표기가 많을 경우, 원의미의 어휘는 한국어에는 없으나 주변 의미만 대응되는

어휘가 있을 경우 HSK 기본어휘의 의미가 달라질 수 있으므로 비교에서 제외한다. 단, 비슷한 의미가 있을 경우 그 어휘로 대체하여 등급을 표기한다.

예: 看病 - 진찰하다(중심의미 없음) → 치료하다(부분의미 있음)

HSK 甲급	발음	품사	한국어 의미	한국어에 대응되는 등급
看病	kan4bing4	동	(의사가)진찰하다. 치료하다. 치료를 받다. 진료를 받다.	B

⑦ 동형동의 한자어휘 중 중국어에 동사와 명사 2개의 품사를 가지나 한국어 어휘 선정 결과보고서의 한국어 등급에 이중 한 등급만이 있을 경우 존재하는 것만을 표시한다.

예: 檢査

HSK 甲급	발음	품사	한국어 의미	한국어에 대응되는 등급
檢査	jian3cha2	동/명	검사하다. 점검하다./ 검사, 반성, 반성문	/B

1.2. 분석 결과

한국어 어휘 등급별 구분

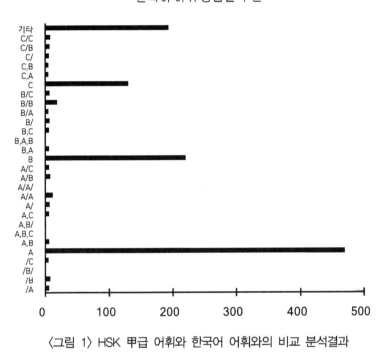

⟨그림 1⟩ HSK 甲급 어휘와 한국어 어휘와의 비교 분석결과

위 분석결과를 보면 HSK 甲급 어휘와 대응되는 한국어 어휘 등급 중 A등급 어휘가 46%로 가장 많음을 알 수 있다. 중국어의 甲급 어휘 1,033개 중 순수 A등급 어휘는 총 479개이며, B등급은 284개 그리고 C등급은 139개로 나타났다. 기타는 한국어 어휘 A · B · C 등급 중 어느 등급에도 속하지 않는 어휘들로 173개가 있다.

  중국어와 한국어휘가 같은 등급인 경우를 제외한 다른 경우들
에 대해서 교사는 주의를 기울여야 할 것이다. 중국인 초급 한국
어 학습자들은 글쓰기의 어휘사용에서나 의사소통 상황에서 매
끄럽지 못한 문장을 구사할 수 있기 때문이다. 다시 말해 중국인
초급 학습자들의 입장에선 자신의 모국어에 의존하여 기본적인
어휘라 생각하여 사용한 어휘가 한국어에서는 고급수준의 어휘
여서 사용하는데 있어 소통은 가능하지만 윤활한 한국어 사용에
역효과를 가져 올 수 있다는 것이다.
  본 장의 양 언어의 어휘를 비교함에 있어서의 한계점을 살펴보
겠다. 본 어휘 비교는 두 언어를 비교하는데 언어의 특징과 품사
가 동일하지 않고 고립어이며 표의문자인 중국어 어휘를 교착어
이며 표음문자인 우리말과 비교하는데 어려움이 따랐다. 또 중국
어는 표의 문자로 하나의 어휘가 여러 뜻을 내포할 수 있다. 또한
중국어 "조자(造字)"의 특징으로 한 글자와 한 글자가 만나 새로
운 다른 글자를 만들어 나갈 수 있는데 이때 서로 의미상 영향을
주고받아 하나의 어휘를 생성하거나 서로 결합한 각각의 단어와
는 다른 의미의 어휘를 만들어 낼 수 있다. 이러한 특징들로 말미
암아 중국어 어휘는 다양한 의미를 가지게 되며 이는 한국어 어
휘와의 비교에 있어 장애요인이 되었다. 현재까지 중국어와 한국
어 어휘의 일대일 비교 연구는 존재하지 않아 객관적 비교를 위
한 기준 마련에 어려움이 있었다. 이후 중국어 어휘와 한국어 어
휘 비교에 대한 보다 많은 연구가 필요할 것으로 본다.

02

한국어 A등급 기본어휘와 중국어 甲급 어휘와의 비교

○
○
○

2.1. 목적 및 방법

기본어휘는 언어생활의 기본이 되는 어휘들의 묶음 이라고 말할 수 있다. 본장에서 비교하고자 하는 한국어 학습용 기본어휘의 초급에 해당하는 A등급 어휘와 중국어 기본어휘의 초급인 甲급 어휘는 외국인 학습자들을 목표로 만들어 졌다고 하기는 하나, 이것 또한 한국어 모국어 화자나 중국인 모국어 화자들의 언어생활에서 가장 기본이 되고 또한 필수적인 어휘들을 선정해 놓은 것임은 틀림이 없다. 다시 말하면 기본어휘는 단지 외국인 학습자들의 외국어 학습 시 기초적인 외국어 어휘만을 제공하는 것뿐만이 아니라 모국어 화자들의 기본 의사소통 생활에서도 가장 많이 사용되고 중심이 되는 어휘들을 대표한다고 할 수 있겠다.

따라서 지금 본 장에서 비교하고자 하는 한국어 A등급 기본어휘와 중국어 甲급 어휘 비교는 중국인 학습자에게는 한국어 기본어휘와 중국어 기본어휘와의 공통점과 차이점을 보여줄 수 있으며한국어 교사에게는 한국어 A등급 어휘가 중국어의 甲급 어휘와얼마나 대응되며 그 수준이 비슷하다는 것을 가늠할 수 있는 본보기를 마련할 수 있을 것이라고 생각된다.

본 장에서 중점적으로 비교할 것은 한자어휘 이다. 한국어 A등급에서 나타난 한국어 한자어휘 310개를 HSK 甲급 어휘에 얼마나 나타나는 지를 알아보고 동형동의어와 동형이의어 그리고 동의이형어가 나타나는 양상을 가늠해 볼 수 있겠다.

우선 한국어와 중국어의 기본어휘의 비교 방법은 다음과 같다. 비교 대상은 상술한 바와 같이 한국어 학습용 어휘 선정 결과 보고서의 A등급 어휘 982개와 중국어 甲급 1,033개이다. 양 언어의비교는 첫째, 한국어 A등급의 어휘와 해당어휘의 한자어를 기준으로, 각 한국어 어휘에 중국어 甲급어휘를 대응 시키고 두 번째로 한국어 A등급의 한자어에 중국어를 대응시켜 동일한 것을 찾는다. 대응되는 중국어는 韓中词典(1999, 흑룡강조선민족 출판사)과 精选韩汉词典(2002, 북경 진명출판사), 중한사전(1995, 고대민족문화연구소)을 참고로 하며, 북경어를 보통화로 한 현재 중국어 일상회화에서 사용되는 현대한어를 사용한다.

한국어	한자	중국어	발음	중국어 급수
오빠		哥哥	ge1ge	초급(甲)
오월	五月	五月	wu3yue4	
오전	午前	上午	shang4wu3	초급(甲)
오후	午後	下午	xia4wu3	초급(甲)
올해		今年	jin1nian2	
옷		衣服	yi1fu	초급(甲)
외국	外國	外国	wai4guo2	초급(甲)
외국어	外國語	外国语	wai4guo2yu3	초급(甲)

위 예는 한국어 A등급의 명사 부분의 일부분이다. 예의 '외국'
은 중국어 甲급 어휘에 해당하며, 그 한자어 또한 중국어와 같은
동형동의어이다. 즉 '외국'은 한국어와 중국어 양 언어에서 초급
수준의 어휘이며 또한 한자어 표기에 있어 중국어와 동일한 동형
동의를 나타내고 있다고 말 할 수 있다. 이러한 방법을 한국어 A
등급 해당 어휘에 모두 적용해본 결과는 다음과 같다.

2.2. 분석 결과

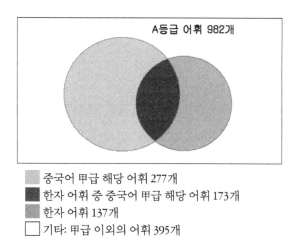

A등급 어휘 982개

■ 중국어 甲급 해당 어휘 277개
■ 한자 어휘 중 중국어 甲급 해당 어휘 173개
■ 한자 어휘 137개
□ 기타: 甲급 이외의 어휘 395개

〈그림2〉 한국어 A등급 기본어휘와 중국어 甲급 어휘와의 비교

위의 표를 통해 알 수 있듯이 한국어 A등급 어휘 982개 중 중국
어 甲급 어휘와 공통적으로 나타나는 어휘는 총 450개로 45%를
차지한다. 이중 A등급 한국어 한자어와 대응되는 甲급 어휘는
173개로 전체 한자어휘의 55.8%의 비중을 차지하고 있다. 즉, 한
국어 기본어휘 A등급의 한자어 310개 중의 173개가 중국어 초급
어휘에서도 공통적으로 나타나며, 한국어 초급 수준의 A등급의
한자어휘 중 55.8%가 중국어 甲급 기본어휘에 사용되고 있음을
알 수 있다. 이러한 결과는 중국인 초급 한국어 학습자를 위한 한
국어 한자어 교육의 필요성을 지지한다고 할 수 있겠다. 또 한국

어의 한자어휘의 사용률이 중·고급으로 올라갈수록 높아지는 것을 고려한다면 초급에서부터의 한국어 한자어휘 교육은 필요하며, 체계적인 한자어 교육을 통한 꾸준한 학습은 한국어 어휘 확장의 효율성을 높일 것이라고 예상할 수 있겠다.[5]

위의 비교를 통해 살펴본 한국어 A등급과 중국어의 공통된 한자어휘는 동형동의어(同形同義語), 동형이의어(同形異義語) 동의이형어(同義異形語)의 세 부분으로 나누어 볼 수 있으며, 이들 각각의 공통점과 차이점은 중국인 초급 한국어 학습자의 어휘 교육에 활용될 수 있을 것이다.

---

5 한국어 학습용 어휘 선정 결과 보고서(2003)의 등급별 한자어휘 개수.

등급	A등급	B등급	C등급	합계
한자어	310	790	1,347	2,474

제4장

한자어와 중국어 어휘 의미상의 비교

한국에서는 한자어 교육에 대한 중요성이 점점 높아지고 있는 반면 중국 학생들은 한자어 공부의 시간을 그다지 할애하고 있지 않다. 중국 학생들은 '한자어'라면 모두 중국 한자와 같아 특별히 한자어를 배우지 않아도 그 뜻이 통한다고 여기고 있기 때문이다. 그러나 한자어가 중국에서 한국으로 유입된 삼국시대부터 지금 까지 오랜 시간 흐르면서 자국의 언어적 필요에 따라 임의대로 한자어의 의미와 형태, 운용에 변화가 생겼다. 즉 한국에서 자국의 언어적 상황과 사회적 환경, 의식구조와 언어 습관에 맞게 한자어를 운용함에 따라 그 형태와 의미 및 사용이 많이 달아졌다. 심지어 필요에 의해 한국에 맞는 새로운 한자어를 만들기까지 하였다.

문장은 어휘들로 구성되어 있다. 문장을 이해하기 위해서는 우선 어휘를 이해해야 한다. 어휘를 학습하는 1차적인 목적은 그 어휘의 의미를 이해하는 데 있다. 어휘의 의미를 이해할 수 있어야 그 어휘로 구성된 문장의 뜻을 이해할 수 있으며, 어휘를 활용하여 문장을 만들 수 있다. 그러므로 본장에서는〈한국어 학습용 어휘 선정 결과 보고서〉의 초급 한자어를 참고하여 어휘의 의미에 중점을 두고 의미적인 면에서 현재 한국에서 쓰이는 한자어의 단어구조, 형태를 중국어와 비교해 공통점과 차이점을 짚어보고 학생들에게 한자어를 사용할 때 저지르기 쉬운 실수와 특별히 주의해야 할 점을 명확하게 제시하겠다.

한자어는 현대 중국어와 비교해 형태소의 같음이나 다름, 의미
적 차원에 대응시켜 크게 동형동의어(同形同義語), 동형이의어(同
形異義語), 동의이형어(同義異形語) 등 3가지 유형[6]으로 분류할 수
있다.

예문은 주로『표준국어대사전』,『중한사전』,『現代漢語詞典』등
을 참고했다. 사전에 실린 어휘가 모두 현재 사회에서 통용되고
있는 것은 아니기 때문에 실제 언어생활에서 사용하는 어휘와 다
르다고 생각되는 예도 더러 있다.

---

6 위의 한자어 유형 분류한 기준은 후문옥(2003)을 참조해서 분류한 것이다.

01

동형동의(同形同義) 한자어

일반적으로 둘 이상의 단어가 같거나 비슷한 의미를 지닐 때 이들을 동의관계의 있다고 하며, 이러한 동의관계를 보이는 단어의 짝을 '동형동의어'라고 한다. 동형동의 한자어에서는 한자어와 중국어 어휘가 같은 형태이며 의미가 완전히 같은 절대동형동의어(絕對同形同義語), 한자어와 중국어 어휘가 같은 형태이며 의미가 비슷한 상대동형동의어(相對同形同義語) 두 가지 유형으로 분류 할 수 있다.

이에 대응하는 중국어는 모두 한국어와 같은 형태를 지닌다. 다만 한국어에서는 동사 형용사로 사용하고자 하는 한자어의 경우 명사어근 혹은 단어 취급을 갖지 못하는 형태어근 뒤에 '-하다', '-롭다', '-스럽다' 등 파생접미사를 붙여야 한다. 또 '간접', '객관' 등과 같은 명사어근에 파생접미사 '-적'을 붙이면 여전히 명사가 되지만 문장에서 쓰일 때는 항상 관형사형인 '-적인'의 형식으로 형용사처럼 수식하는 역할을 한다. 동형동의어는 한국과 중국에서 모두 같은 형태와 의미를 가지고 있기 때문에 중국 학생들이 한국어를 배울 때 동형동의어는 큰 문제가 없으며 중국인 학습자가 한국어 어휘를 익히는데 있어 큰 이점으로 작용될 수 있는 어휘들이라는 점에서 큰 의의가 있다고 할 수 있다. 이를 좀 더 세부적으로 절대동의어와 상대동의어로 나눌 수가 있는데 아래와 같다.

1.1. 절대 동형동의어(絕對同形同義語)

절대 동형동의어는 중국어와 한국어의 한자 어휘의 의미, 형태가 완전히 똑같은 단어를 일컫는다. 한·중 동형동의어 중에 절대동의어는 상당히 높은 비율을 차지하고 있다. 이 점은 한국어를 배우는 중국인 학습자에게 큰 도움을 준다고 할 수 있다. 이 유형의 동형동의 한자어는 형태와 의미가 일치하므로 그에 따른 어휘의 분석이나 예문 제시 등은 생략하였고, 한·중 절대동형동의어 어휘만 제시하였다.

66

〈표 4〉 한·중 동형한자어 어휘 대조표

의미	한국 한자어	중국어
가격	價格	价格
가구	家具	家具
감사	感謝	感谢
결정	決定	决定
경력	經歷	经历
경험	經驗	经验
개선	改善	改善
계절	幾節	季节
고향	故鄉	故乡
사업	事業	事业
상자	箱子	箱子
상점	商店	商店
상품	商品	商品
성공	成功	成功
성적	成績	成绩
소설	小說	小说
속도	速度	速度
식품	食品	食品
양식	糧食	粮食
안경	眼鏡	眼镜
연대(년대)	年代	年代
연회	宴會	宴会
영어	英語	英语

의미	한국 한자어	중국어
영웅	英雄	英雄
온도	溫度	溫度
용기	勇氣	勇气
운동	運動	运动
원인	原因	原因
의자	椅子	椅子
용기	勇氣	勇气
운동	運動	运动
원인	原因	原因
의자	椅子	椅子
공간	空間	空间
공원	公園	公园
관계	關係	关系
관심	關心	关心
교실	敎室	教室
국제	國際	国际
계속	繼續	继续
개인	個人	个人
기회	機會	机会
농촌	農村	农村
동의	同意	同意
대학	大學	大学
대화	對話	对话
발생	發生	发生

의미	한국 한자어	중국어
방식	方式	方式
보호	保護	保护
부분	部分	部分
비밀	秘密	秘密
사막	沙漠	沙漠
사회	社會	社会
이유	理由	理由
이익	利益	利益
임무	任務	任务
자기	自己	自己
작품	作品	作品
전화	電話	电话
조건	條件	条件
지식	知識	知识
출발	出發	出发
태양	太陽	太阳
풍경	風景	风景
학교	學校	学校
학생	學生	学生
환영	歡迎	欢迎
휴식	休息	休息
학생	學生	学生
환영	歡迎	欢迎
휴식	休息	休息

1.2. 상대 동형동의어(相對同形同義語)

부분 동형동의 한자어 이 유형의 어휘는 한자어와 중국어 어휘의 형태가 같고 의미가 유사하며 세 가지로 분류를 할 수 있다. 한·중 동형어 중 부분 동의어는 어휘 수에 있어 아주 작은 비중을 차지하고 있으므로 그리 많지 많은 것으로 나타난다. 그러나 이러한 동의어는 인지적 의미는 같지만 감정적 의미 혹은 사용 문맥이 다르거나 또는 적용 대상이 달라서 단어 형태를 유지하면서 번역을 하면 어색하거나 심지어 잘못된 번역이 될 수도 있다. 따라서 인지적 의미가 같다는 의미에서 동의어로 보지만 완전 동의어와 달리 일부 문맥에서는 직역이 가능하지 않다는 점을 고려해서 부분 동의어라고 하는 것이다.

한·중 동형 한자어는 의미적으로도 비슷한 부분이 많다. 그러나 사회와 민족이 다른 데서 생성된 단어는 의미 차이가 있다는 사실을 절대로 소홀히 할 수는 없다. 한국어와 중국어는 서로 다른 체계의 언어이기 때문에 한자어 표기 방법이 같다고 하더라도 그들 속에 포함되어 있는 내용은 결코 완전히 같은 것은 아니다. 이것이 바로 여기에서 다루고자 하는 것이다.[7]

우리는 다음과 같은 면에서 동형 부분 동의어를 분석하고자 한다.

---

7 문연희 (2007) 〈한·중 한자어 의미 대비 연구〉 참고.

1) 감정적인 의미가 다른 것

생신(生辰)

[韓] '생일(生日)'을 높여 이르는 말.

　　예) 오늘은 선생님의 생신(生辰)이다.

[中] 태어난 날.

　　예) 오늘은 내 여동생의 생신이다.(今天是我妹妹的生辰.)

위에서 보는 바와 같이 '生辰'의 한국어와 중국어의 의미는 모두 '세상에 태어난 또는 태어난 날을 기리는 해마다의 그날'을 뜻한다. 그러나 한국에서는 '생신'은 '생일(生日)'을 높여 이르는 말이라서 위[韓]예문에서 보인 바와 같이 '선생님'과 같은 존대해야할 대상에게 사용한다. [中]예문에서는 '오늘은 내 여동생의 생일이다.'라는 의미를 나타낸다. 중국어의 경우는 높임을 나타내지 않으므로 [中]예문에서 보이는 바와 같이 '여동생'에게 사용할 수 있다.

탄생(誕生)

[韓] 성인, 또는 귀인이 태어남을 높여 이르는 말.

　　예) 왕비의 몸에서 왕자가 誕生하였다

[中] 사람이 태어나다.

예) 그는 전쟁으로 어수선한 시대에 태어났다.(他誕生在
战乱的年代).

위에서 보듯이 한국에서는 존칭으로 쓰이는 '生辰' 과 '誕生' 이
중국에서는 일반 平稱으로 쓰이기에 의미 차이를 보인다.

2) 사용 문맥이 다른 것

창문(窓門)
[韓] 공기가 드나들고 빛이 들어 올 수 있게, 또는 밖을 내다
볼 수 있도록 벽이나 지붕에 만들어 놓은 작은 문.
[中] '窓戸'에 대한 粤方言 즉 광동중부와 서남부, 장서 동남부
지역에서 쓰이는 방언.

채소(菜蔬)
[韓] 밭에서 가꾸는 온갖 푸성귀. 주로 그 잎이나 줄기, 열매
따위는 식용한다.
[中] '蔬菜'에 대한 '閩南', '杭州' 방언에 많이 쓴다.

위에 제시한 예문처럼 한국에서 표준어로 쓰이는 것이 중국어
에서는'窓門' 과 '蔬菜' 와 같이 일반적으로 방언에서만 쓰인다.

부재(不在)

[韓] 그 곳에 있지 아니함. 없음.

예) 정책 부재와 경험 부족으로 곤란을 겪다.

[中] 그곳에 있지 아니함

예) 언니는 집에 없다.(姐姐不在家)

완료(完了)

[韓] 완전히 끝마침. 완제.

예) 9시까지는 입장을 완료하도록 규정되어 있었으므로
광차에는 시간에 쫓기는 광부들로 가득했다.

[中] 완전히 끝마침

예) 다 먹었어? (都吃完了嗎?)

'不在'와 '完了' 등은 한국에서는 격식적인 용어가 되지만 중국
에서는 구어체에서 자연스럽게 쓰인다.

3) 적용 대상이 다른 것

성격(性格)

[韓] 1. 각 개인이 가지고 있는 특유한 성질, 품질

예) 性格이 쾌활하다.

2. 각 개인을 특징짓는 지속적이며 일관된 성질

　　예) 性格적인 차이로 헤어졌다.

3. 어떤 사물이나 형상의 본질이나 본성

　　예) 무속은 종합 예술적 性格을 가지고 있다.

[中] 사람이나 일에 대한 태도와 행위방식에서 표현되어 나오는 심리특징.

　　예) 性格開朗(성격이 활달하다)

　중국에서는 사람과 관련된 특질에만 적용되나 한국에서는 사물이나 그 상태의 현상에까지 적용될 수 있기에 적용대상에 차이가 있다.

　애정(愛情)

[韓] 1. 사랑 하는 마음

　　예) 바둑에 대한 愛情.

2. 이성을 간절히 그리워하는 마음. 사랑

　　예) 愛情을 고백하다.

[中] 남녀 간에 사랑하는 감정.

　　예) 愛情不是遊戲(사랑은 게임이 아니다.)

　한국에서는 "이성을 간절히 그리워하는 마음"이란 뜻 외에도

"사랑하는 마음" 이라는 뜻도 지니게 되면서 그 적용대상이 남녀를 초월하여 모든 인간관계와 사물과의 관계에 까지 확대되었다. 그러나 중국에서는 단지 "남녀 간에 사랑하는 감정" 즉 인간에게만 적용되면서 한국과 중국에서는 적용대상에 의미의 차이를 나타내게 되었다.

이상 한·중 동형어는 어휘적인 의미는 같거나 비슷하지만 그들 속에 포함되어 있는 내용에 미세한 차이가 나는 것을 살펴보았다. 이러한 것은 오랜 세월 동안 서로 다른 체계인 한국어와 중국어에 사용되면서 생기게 된 것으로 볼 수 있다.

02

동형이의(同形異意) 한자어

○
○ ○
○

한국어 한자 어휘와 중국어 한자 어휘가 형태는 똑같지만 일부 혹은 전체 의미가 달라진 동형어를 '동형이의어'라고 한다. 동형이의어는 어휘 수에 있어 큰 비중을 차지하고 있지는 않지만 중국인 학습자들이 한국어 어휘를 사용할 때 쉽게 오류를 범할 수 있어 한국어 교사는 양 언어에서의 차이점을 알아 이를 교수활동에 적용한다면 학습자의 어휘 사용 시 오류율을 낮출 수 있을 것이라고 생각된다. 예를 들어 한국어의 '汽車'는 '기차'를 의미하지만 중국어에서는 '자동차, 차'를 의미한다. 따라서 한국어 교수학습 시 동형이의어의 차이점을 안다면 어휘학습 시 오류발생을 최소화 할 수 있을 것이라고 생각된다.

동형이의어는 세부적으로 형태는 같지만 완전히 의미가 다른 '동형완전이의어(同形完全異義語)'와 형태가 같지만 의미가 다르면서도 공통된 부분을 갖고 있는 '동형부분이의어(同形部份異義

語)'로 분류된다.

2.1. 동형완전이의어(同形完全異義語)

동형완전이의어는 한국의 한자 어휘와 중국어 한자 어휘 중에서 의미가 서로 겹치는 부분이 없이 완전히 다른 한자를 가리킨다. 즉 한국과 중국에서 사용하는 어휘 중 같은 형태를 지니고 있지만 다른 의미를 나타내는 어휘가 동형완전이의어에 해당한다. 본 장에서는 이렇듯 의미가 전혀 다른 어휘를 동형완전이의어로 분류하였고, 분류 된 단어들은 각각의 의미와 예문을 제시하여 자세히 살펴보겠다.

공부/공부하다 (工夫)
[韓] 학문이나 기술을 배우고 익힘.
　　예) 나는 어학 당에서 한국어를 공부하다.
[中]　a. 시간을 의미(투자한 시간, 틈, 여가)
　　　예) 지금 너무 바빠서 밥 먹을 시간도 없다. (現在很忙 没功夫吃饭).
　　b. 재능, 조예
　　　예) 그는 글자 아주 재능이 있다.(他笔上功夫很厉害).

     c. 노력하다.
       예) 下功夫

  한자어에서는 '배우고 익힌다.'는 뜻을 가지만, 중국어에서는 '시간, 틈'을 의미한다. 한자어 '工夫(공부)'와 같은 의미를 가지는 중국어 어휘는 '学习', '念书', '读书', '用功' 등이 있다.

  인사/인사하다(人事)
  [韓] a. 사람이 처음 만나서 서로의 이름을 주고받으며 자기를 소개하는 일
       b. 안부를 묻거나 공경하여 예를 보이는 것
       c. 사람들 사이에 지켜야 할 예의범절
  [中] a. 인간사
       b. 인사 관계
       c. 세상 물정
       d. 인력으로 할 수 있는 일
       e. 선물, 예물

  중국에서는 명사형으로 '问候' 동사의 형태로 '打招呼'라고 한다.

계단(階段)

[韓] 사람이 오르내리기 위하여 건물이나 비탈에 만든 층층대

　예) 에스컬레이터가 고장이 나서 階段에 사람이 북적거
　　렸다.

[中] (阶段), 사물의 발전 과정 중, 일정한 표준에 의해 구분되
　는 단락

　예) 이런 방법은 한창 실험 단계에 있다.(这种方法正处于
　　实验阶段).

한자어에서는 '건물이나 비탈에 만든 층층대'의 의미를 가지만
중국에서는 '발전과정'을 나타내는 의미를 가진다. 한자어 '계단
(階段)'과 같은 의미를 같지는 중국어 어휘는 '楼梯'이다.

반점(飯店)

[韓] 반점, 중국 음식을 파는 대중적인 음식점

　예) 이 飯店이 서울에서 제일 유명한 식당이다

[中] 호텔, 음식집

　예) 나는 숙박비가 적당한 괜찮은 호텔을 찾는다.(找适当
　　房费的好饭店)

한자어에서는 주로 '중국 음식을 파는 음식점'을 의미하지만

중국어에서는 '호텔'을 의미한다. 한자어 '飯店(반점)'과 같은 의미의 중국어 어휘는 '餐厅' '饭馆' 정도로 볼 수 있다. 하지만 두 어휘 모두 중국 음식을 파는 음식점만을 의미하는 것을 아니다.

애인 (愛人)
[韓]   애인(愛人), 이성 간에 사상하는 사람. 연인
      예) 나의 애인 은 매우 아름답다.
[中]   (爱人) 남편 또는 아내.
      예) 我的爱人很漂亮.

한국에서 한자어 '愛人'은 이성 간에 사랑하는 사람. 또는 '남을 사랑함.' 중국어 어휘 '爱人'은 이란 뜻을 가지고 있고 이들 뜻 외에 '1. 사랑스러운 사람. 2. 애모하다. 3. 남편 또는 아내.'란 뜻도 더 지닌다. 그리하여 한국어와 중국어 같은 뜻을 가질 수도 있고 '나의 아내가 매우 아름답다'를 뜻할 수도 있다.
한국어일 때에는 '사람'을 나타내는 속성이 없지만 중국어 어휘일 때에는 '사람이 아닌 물체' 와 관련된 속성 외에도 '사람'을 나타내는 속성들이 더 있는 어휘들이 있다.

신문(新聞)
[韓] 新聞(신문), 사회에서 발생한 사전에 대한 사실이나 해설

을 널리 신속하게 전달하기 위한 정기 간행물.

예) 신문(新聞)에 광고를 내다.

[中] 新闻

　　a. 신문사, 방송사, 통신사 등의 소식(消息),뉴스(news)

　　　예) 나는 한창 텔레비전 뉴수를 보고 있다. (我在家看

　　　电视新闻).

　　b. 사회에서 최근에 발생한 새로운 일, 새로운 소식(消息)

　　　예) 오늘 여기서 무슨 일 있습니까?(今天这里有什么新

　　　闻吗)？

　한자어에서는 '사건, 사실을 전달하기 위한 간행물' 의미를 가지지만 중국어에서는 '새로운'을 의미한다. 한자어 '新聞(신문)'과 같은 의미를 가진 중국어 어휘는 '报纸'이다.

　나는 한창 텔레비전 뉴스를 보고 있다.

고등학교(高等學校)

[韓] (高等學校),중학교 교육의 기초 위에 중등 교육 또는 실업

　　교육을 하는 학교

　　예: 그는 고등학교(高等學校)에도 가보지 못하였다.

[中] (高等学校), 전문학교나 대학 등의 고등 교육 기관의 통칭.

예) 그는 대학교에도 가보지 못하였다.(他没上过高等学校).

위에서는 같은 한자어이나 중국한자어에서는 간체자를 쓰는 예를 보여 준다. 중국어 어휘 '高等学校'의 번체자는 '高等學校'이며 한자어 '高等學校'와 형태가 동일하며 모두 명사이다. 한국어에서 한자어 '高等學校'의 의미는 한국어에서 고등학교는 중학교를 졸업한 사람에게 고등 보통 교육과 실업 교육을 베푸는 학생이지만 중국어 어휘 '高等学校'는(전문학교나 대학 등의) 고등 교육 기관의 통칭이다. 한자어와 중국어 어휘는 의미가 다르기에 한국어는 '나는 고등학교에도 가보지 못하였다.'는 뜻이 되어 중국어에 가지는 의미 '나는 대학교에도 가보지 못하였다.'와 다른 뜻을 나타낸다.

안색(顔色)

[韓] 얼굴빛

  예) 그녀는 어디가 아픈지 안색(顔色)이 창백하다.

[中] a. 색채(色彩), 빛깔. 색(色)

  예) 큰 비가 지나간 후 7가지 색의 무지개가 나타났다.(大雨过后出现七种颜色的彩虹).

  b. (다른 사람에게 내보이는) 무서운 얼굴빛, 무서운 행동.

  예) 우리는 반드시 그들에게 본때를 보여줄 것이다.

(我们一定会给他们点颜色看看).

한자어에서는 '얼굴빛'을 의미하지만, 중국어에서는 '채색, 빛깔'을 의미한다. '얼굴빛'을 의미하는 중국어 어휘는 '脸色'이다.

사정(事情)
[韓] a. 일의 형편이나 까닭.
　　　예) 집안 事情으로 조퇴를 했다.
　　　b. 어떤 일의 형편이나 까닭을 남에게 말하고 무엇을 간청함.
　　　예) 事情도 한두 번이지 무슨 염치로 또 말 하겠느냐
[中] 용무(用务). 볼일.
　　　예) 앞으로 무슨 일이 있으면 저를 찾아서 얼마든지 말씀하세요.(以后, 有什么事情就尽管找我).

중국어에서는 '일반적인 생활 속 활동이나 사회현상'을 의미는 반면 한자어에서는a, b와 같은 뜻으로 사용된다. '일의 형편이나 까닭'의 의미를 지닌 중국어 어휘로는 '情况' 정도로 볼 수 있고, '어떤 일의 형편이나 까닭을 남에게 말하고 무엇을 간청하다'는 의미를 지닌 중국어 어휘는 '恳求'가 있다.

약속(約束)

[韓] 다른 사람과 앞으로의 일을 어떻게 할 것인가를 미리 정하여 둠, 또는 그렇게 정한 내용.

예) 모두들 내일 공원에서 만나기로 약속하였다.(大家約定明天再公园会面).

[中] 본의인 "단단히 동여매다"에서 "제약하다, 구속하다"로 전이가 이루어졌다.

예) 아무리 많은 방법을 생각해 보아도 그를 구속할 방법이 없다.(想了很多辦法也約束不了他).

한국과 중국에서 각각 "단단히 동여매다"라는 본의에서 한국에서는 "다른 사람과 앞으로의 일을 어떻게 할 것인가를 미리 정하여 둠. 또는 그렇게 정한 내용" 으로, 중국에서는 "제약하다, 구속하다"란 의미로 번역이 이루어지고 본의는 소멸되었기에 서로 다른 의미를 나타내는 동형 완전 이의어가 된 것이다.

점심(點心)

[韓] 낮에 먹는 끼니. 中飯(中午飯)

예) 시간이 없어서 점심도 못 먹었다.

[中] 식사 전이나 후에 먹는 간식

예) 點心盒子(과자상자)

'점심(點心)'은 한국과 중국에서 모두 본의는 소멸되고 각각 "中飯"과 "간식"의 의미로 전이되면서 한국과 중국에서의 '점심 (點心)'은 동형 완전 이의어가 되었다.

심각(深刻)

[韓] 매우 중대하고 절실함

예) 深刻한 문제.

[中] a. 일어나 문제의 본질에 도달하다.

예) 文章內容很深刻.(문장의 내용이 깊다.)

b. 마음으로 느끼는 바가 있다.

예) 印象很深刻(인상이 깊다).

위에서 보듯이 한국과 중국에서 '심각(深刻)'은 전혀 다른 뜻으로 쓰이는데 이는 한국인들이 작문을 할 때 많이 틀리는 부분이다. 즉, "문제가 심각하다" 라는 말을 중국어로 하려고 할 때 만약 "問題很深刻" 이라고 한다면 이는 상당히 어색한 표현이 된다. 이럴 때는 '深刻' 대신 '嚴重'을 써야 그 의미가 통한다. 이러한 경우는 중국인들이 한국어를 할 때도 마찬가지로 일어나는 일이다. 만약 중국어의 '印象很深刻'을 한국어로 "인상이 심각하다"라고 번역한다면 한국인은 "사람의 얼굴 표정이 뭔가를 골똘히 생각하는 듯하다"라는 뜻으로 오인할 것이다. 또한 "內容很深刻"을

"깊은 내용"이라고 해야지 그대로 "심각한 내용"으로 번역한다면 의사소통에 장애를 초래할 수 있다.

2.2. 동형부분이의어(同形部份異義語)

본 장에서는 한국 한자어와 중국어 어휘가 그 형태와 기본적 의미는 같지만 공통된 의미 외에 다른 파생의미 항목이 더 있는 어휘를 동형부분이의어로 분류하였다. 한·중 양국의 동형어가 부분적으로 다른 의미를 갖게 되는 데에는 여러 가지 원인이 있겠지만, 기본의미에서 그 의미범위가 축소되거나 확대됨으로 인해 이의 현상이 나타나는 경우가 많다. 예를 들면, '과거(過去)'라는 단어는 한국과 중국에서 모두 과거 즉, 지나간 일을 뜻한다는 공통점이 있다. 하지만 한국에서는 지나간 일이라는 한 가지의 뜻으로 명사이지만 중국에서는 '시간이 흐르다, 죽다, 지나가다'라는 동사의 뜻도 더 있는 것이다. 이것이 바로 한국어 한자 어휘와 중국어 한자 어휘의 공통적인 의미 외에 중국어에서 의미가 더 있는 경우의 동형부분이의어인 것이다.

이처럼 동형부분이의어는 그 형태가 쉽다. 즉 어휘에 대한 충분한 숙지 없이는 정확한 어휘 사용이 어렵다는 것이다. 이에 본고에서는 공통된 의미 외에 달리 쓰이는 의미를 확인하고 그 예문을 제시하였다.

작용(作用)

예) *그는 회사에서 중요한 작용을 한다.(他在公司起重要的
作用).

그는 회사에서 중요한 역할을 한다.(他在公司起重要的
作用).

[韓] ⓐ 어떠한 현상이나 행동을 일으킴, 또는 그 현상이나
행동.

예) 식물은 동화 작용을 한다.

ⓑ 한 물체의 힘이 다른 물체의 힘에 미치어서 영향을 주
는 일.

예) 풍화 작용.

[中] ⓐ [韓] 작용

ⓑ 용의. 저의. 의도

예) 그가 방금 한 말은 저의가 있는 것이다.(他刚才说
的那些话是有作用的)

ⓒ 역할

예) 그는 지도자의 역할을 한다.(他起领导的作用).

한국어에서의 '작용(作用)'은 '어떠한 현상이나 행동을 일으킴

또는 그 현상이나 행동 혹은, 한 물체의 힘이 다른 물체의 힘에 미치어서 영향을 주는 일'이란 의미를 가지고 있지만 중국어에서는 이 외에 '용의. 저의. 의도. 역할'이란 의미도 가지고 있다. 그러므로 위의 예문에 '作用'을 '役割'로 바꾸어 표현해야 올바른 문장이다.

품질(品質)
예) *그 사람 품질이 안 좋아. (那个人品质不好)
　그 사람 인품이 안 좋아. (那个人品质不好)
[韓] 물건의 성질과 바탕.
　예) 제품 품질이 떨어지다.
[中] ⓐ 품질.
　ⓑ 품성. 소질. 인품.
　예) 그는 숭고한 인품과 정조를 지니고 있다.(他具有崇高的品质和情操)

한국어에서의 '품질(品質)'은 '물건의 성질과 바탕'의 의미만 가지고 있지만 중국어에서는 이외에 '사람의 품성. 소질. 인품'의 의미도 가지고 있으므로 위의 예문의 品質'을 한국어로 '인품'이라고 표현해야 한다.

해석(解釋)

예) * 오해를 해석하다. 解释误会

　　오해를 해명하다. 解释误会

[韓] 문장이나 사물의 뜻을 자신의 논리에 따라 이해하거나 이해한 것을 설명함.

　　예) 선생님은 그 문장을 다시 고쳐 해석해 주셨다.

[中] ⓐ (문장, 단어의 뜻 등을) 해석하다.

　　예) 새로운 단어를 해석하다. (解释一个新词).

　　예) 이 문장은 여러 가지로 해석 할 수 있다. (这篇文章可作种种解释).

　　ⓑ (사물이나 어떤 현상을) 설명하다, 해설하다.

　　예) 이러한 현상은 과학적으로 설명할 법이 없다. (这种现象是无法加以科学地解释的).

　　ⓒ 오해 등을) 변명하다, 해명하다, 설명하다.

　　예) 됐어, 더 이상 변명 할 것 없어. (得了, 别再解释了).

　한국어의 '해석(解釋)'은 크게 다음과 같은 두 가지 뜻으로 쓰인다. ① (어떠한 문제나 현상, 행동 등을 자신의 논리에 따라) 풀어서 설명하다 ② (다른 나라의 말을 자기 나라의 말로) 풀어서 설명하다. 번역하다. 새기다.

　이는 중국어 어휘와 의미상 일치하지만 단 ②의 경우 중국어에서는 대부분 '번역(飜譯)'을 쓴다. 그러나 중국어의 '解釋'은 '오해 등에 대해 해명하다, 변명하다'의 의미로도 쓰이므로 어휘 선택에 유의해야 한다.

표현(表現)

예) * 이 사람은 항상 자신을 표현하기 좋아한다.(此人一貫愛表現自己)

이 사람은 항상 자신을 과시하기 좋아한다.(此人一貫愛表現自己)

[韓] 느낌이나 생각을 말, 글, 작품 따위를 통하여 겉으로 드러내다.

예) 아버지는 그에게 고민을 말로 표현하라고 했습니다.

[中] ⓐ 표현하다.

예) 대단한 용기와 지혜를 표현하다(나타내다).(表現出巨大的勇气和智慧).

ⓑ 태도, 품행, 언동, 행동

예) 그는 일을 하는 태도가 매우 좋다.(他工作上表現很好).

ⓒ 일부러 자신을 과시하다.

예) 이 사람은 언제나 자신을 과시하고, 내세우기 좋아한다.(他总爱表現自己, 爱出风头)

90

한국어의 '표현(表現)'과 중국어의 '表現'은 '어떤 생각이나 느낌 따위를 언어나 몸짓으로 드러내어 나타내다'는 의미를 포함하고 있는 반면 중국어의 '表現'은 이 외에 또 일부러 자신을 과시하기 위하여 허풍을 치는 현상을 비꼬는 의미도 포함하고 있으므로 여기에서 '과시하다'란 어휘로 바꾸어야 맞는 문장이 된다.

가족(家族)

[韓] ⓐ (어버이와 자식, 형제자매, 부부 등)혈연과 혼인 관계 등으로 한집안을 이룬 사람들의 집단.

예) 잃어 버렸던 아이가 열흘 만에 가족(家族)의 품으로 돌아왔다.

ⓑ 동일한 호적에 있는 친족.

예) 고소는 가족(家族)명의로 하지 아니하고 딴 사람 명의로 했다.

ⓒ 이해관계나 뜻을 같이 하여 맺어진 사람들을 비유적인 이르는 말

예) 우리 회사 종업원이 되신 여러분은 이제 한 가족(家族) 입니다.

[中] 같은 혈통을 가지고 있는 친족들.

예) 강 씨 친족들이 수는 매우 많다(姜氏家族有很多人).

현재 한국에서 '가족(家族)'은 중국의 '친족(親族)' 이란 뜻 외에도 "식구"라는 축소된 의미와 "이해관계나 뜻을 같이 하여 맺어진 사람들"이란 전이된 내용까지 포함하고 있어서 그 의미가 중국보다 포괄적이다.

결과(結果)

[韓] ⓐ 열매를 맺음

　　 ⓑ 어떤 원인으로 결말이 생김 또는 그 결말의 상태

　　　 예) 조그만 실수가 이런 結果를 초래하였다.

[中] ⓐ 결실, 결말.

　　　 예) 혼인은 사랑의 결실이다.(婚姻是爱情的结果).

　　 ⓑ 결국, 드디어.

　　　 예) 결국 내가졌다. (结果我输了).

　　 ⓒ 열매를 맺다.

　　　 예) 꽃이 피고 열매가 맺다. (開花結果).

현대 한국에서 '결과(結果)'는 '열매를 맺음', '결실, 결말' 의 의미로 전이가 되었고, 중국에서는 이외에도 부사인 '결국, 드디어'란 의미를 더 뜻하게 되면서 한국의 의미 보다 포괄적이게 되었다.

재료(材料)

[韓] ⓐ 물건을 만드는 데 들어가는 감.

　　예) 材料가 부족하여 공장에서 물건을 만들지 못하고
　　　　있다.

　　ⓑ 어떤 일을 하기 위한 거리.

　　예) 올챙이가 개구리로 변하는 과정을 관찰의 材料로
　　　　삼았다.

[中] ⓐ 물건을 만드는 데 들어가는 것.

　　예) 건축재료(建筑材料)

　　ⓑ 작품의 내용을 제공하는 사물.

　　예) 그는 소설을 쓰기 위해 자료를 수집하고 있다.(他
　　　　打算寫一部小說, 正在收集材料).

　　ⓒ 서류(材料)

　　예) 人事材料 (인사방면의 서류)

　　ⓓ 인재.

　　예) 나는 음치라 가수가 될 인재는 못된다(我不是做歌
　　　　手的材料).

'재료(材料)'는 한국과 중국에서 '물건을 만드는 데 들어가는
것' 이라는 공통된 뜻 외에 각자 한국에서는 '어떤 일을 하기 위한
거리', 중국에서는 '작품의 내용을 제공하는 사물', '서류', '인재
'라는 전이된 의미를 가진다.

03
동의이형(同義異形) 한자어

○
○ ○
○

　동의이형어는 동의어 가운데 그 형태가 전혀 일치하지 않는 어휘들이다. 비록 같은 한자 문화권이기는 하나 언어의 가변성에 의해 각 나라의 생활 습관과 사용 습관 그리고 정치 문화 사회 등의 차이로 인해 서로 다른 형태로 발전한 어휘들로 구성된다. 이형동의어 또한 한국어를 배우는 중국인 학습자들이 이휘 사용이 다르기 때문에 쉽게 실수를 저지를 수 있는 부분이다. 따라서 각 의미에 따른 한국과 중국의 한자어휘 형태의 구분을 명확히 할 필요성이 있다.
　이 장에서 다시 한국어와 같은 뜻으로 사용 되고 부분적으로만 공통 한자어를 갖는 동의부분이형어(同義部份異形語)와 뜻은 같으나 완전히 다른 형태의 글자인 동의완전이형어(同義完全異形語)로 나누어 각 한자어휘의 차이점이 무엇인지를 밝히고자 한다.

3.1. 동의부분이형어(同義部份異形語)

동의부분이형어는 형태상 한국어 한자어휘와 중국어 어휘가 1음절 이상 같은 것을 가지고 있는 것을 말한다. 대부분 공통된 1음절 어휘로 해당 어휘의 대강의 의미 파악이 가능할 수 있겠으나 일부 어휘들에서는 전혀 다른 의미 해석이 가능할 수 있으므로 간과해서는 안 될 것이다.

한국 한자어와 중국어를 비교하고자 하는 목적은 1장에서도 밝힌 바와 같이, 중국인 학습자의 한국어 학습에 있어서의 모국어 간섭으로 인해 발생하는 어휘 오류를 줄이기 위함이다. 이를 위해서는 양국의 형태는 다르지만, 그 의미는 비슷하거나 혹은 같은 한자어의 중류를 파악함이 급선무이다. 그러므로 이에 초점을 맞춰 정리 하고자 하면 아래와 같다.

〈표 5〉 한 · 중 동의부분이형한자어 어휘 대조표

의미	한국어 한자	중국어
단어	單語	单词
매일	每日	每天
방학	放學	放假
세수	洗手	洗脸
가요	歌謠	歌儿
지방	地方	地区

95

의미	한국어 한자	중국어
관람	觀覽	观看
도망	逃亡	逃跑
벌금	罰金	罚款
지급	支給	支付
지적	指摘	指出
입시	入試	入学考试
처지	處地	处境
학점	學點	学分
출입	出入國	出入境
등록금	登錄金	登记金
입원	入院	住院
치과	齒科	牙科
간식	間食	零食
제출	提出	交出
학급	學級	班級
형수	兄嫂	嫂嫂
활기	活氣	朝气
상금	賞金	奖金
무관심	無關心	不关心
초청장	招請狀	邀请信
사무실	事務室	办公室
일요일	日曜日	星期日
수입품	輸入品	进口货
수험생	受驗生	应考生

의미	한국어 한자	중국어
고소도로	高速道路	高速公路
단풍	丹楓	枫叶
대출	貸出	贷款
고생	苦生	辛苦
면접	面接	见面
사무소	事務所	办事处
구청	區廳	区政府
중심지	中心地	中心地区
시작	始作	开始
문제점	問題點	问题的焦点
학용품	學用品	学习用品
입시	入試	入学考试
독감	毒感	重感冒
도심	都心	市中心

이 유형의 단어들은 위에 있는 표를 참조할 수 있다. 이들은 한국 한자어일 때 어휘를 이룬 형태소에서 중복되는 의미를 나타내는 형태소 중의 하나가 중국어 어휘에는 없는 경우, 중국어 어휘일 때 어휘를 이루는 형태소에서 중복되는 의미를 나타내는 형태소 중의 하나가 한국어 한자어에는 없는 경우, 그리고 어휘를 이루는 형태소의 수가 같으며 한자어와 중국어 어휘 사이의 형태가 다른 형태소끼리 동의 관계일 경우 등 로 나누어볼 수 있다. 그래서 의미를 추측할 수 있고 의미의 이해가 가능하다.

3.2. 동의완전이형어(同義完全異形語)

한 · 중 이형동의 한자어에서 가리키는 동의완전이형어 란 한
국의 한자어에 짝을 이루는 중국어 어휘가 존재하지 않는 경우를
가리킨다. 동의완전이형어란 같은 뜻으로 쓰이는 한 · 중 한자어
어휘 중에, 즉, 어소가 포함되지 않은 형태의 어휘를 말한다. 동의
완전이형어는 비록 한자 표기를 한다고는 하나 중국인 학습자들
이 한국어 한자어를 보고도 그 의미유추가 난해한 것들이 많기
때문에 표기방식의 차이를 확실히 알려줄 필요가 있다. 가장 크
게 작용한 동의완전이형어 어휘들이 다음과 같다.

〈표 6〉 한 · 중 동의완전이형어한자어 어휘 대조표

의미	한국어 한자	중국어
공책	空冊	本子
내일	来日	明天
냉장고	冷藏庫	冰箱
목욕	沐浴	洗澡
미안	未安	对不起
사진	寫真	照片
생선	生鮮	鱼
소풍	逍風	郊游
서업	授業	上课

의미	한국어 한자	중국어
시계	時計	钟表
숙제	宿題	作业
식사	食事	吃饭
여권	旅券	旅券
영화	映畫	电影
역	驛	车站
요리	料理	做菜
요일	曜日	星期
운전	運轉	开车
지갑	紙甲	钱包
책	冊	书
치약	齒藥	牙膏
편지	便紙	信
피곤	疲勞	累
회사	會社	公司
화장실	化妝室	洗手间卫生间 厕所
근무	勤務	办公
취재	取材	采访
원가	原價	成本
감독	監督	导演
판매	販賣	出售
저장	貯藏	存储
마약	麻藥	毒品

99

의미	한국어 한자	중국어
봉사	奉仕	服务
사과	謝過	道歉
과외	課外	辅导
공항	空港	飞机场
과자	果子	点心
침대	寢室	床
휴지통	休紙桶	垃圾桶
공기	空器	碗
근로자	勤勞者	工人
남매	男妹	兄妹
남편	男便	丈夫
농구	龍球	篮球
농담	弄談	玩笑
답장	答妝	回信
대통령	大統領	总统
예금	預金	存款
예식장	禮式場	婚礼场
요금	料金	费用
요리사	料理師	厨师
운전사	運轉士	司机
전구	電球	灯泡
장갑	掌匣	手套
자판	字板	键盘

의미	한국어 한자	중국어
만약	萬若	万一
무료	無料	免费
반대편	反對面	对面
봉지	封紙	袋
부품	部品	零件 配件
분위기	氛圍氣	气氛

제5장

한자어 중심으로 효과적인
초급어휘 교육 방안

　제4장에서는 동형동의한자어, 동형이의한자어, 이형동의한자
어 3가지 유형별로 중국어 어휘와 비교해 공통점과 차이점을 자
세히 분석했다. 본 장에서는 4장의 내용을 토대로 학습의 첫 단계
인 중국인 초급 한국어 학습자들을 위한 효과적인 어휘교육 방법
을 제시해 보겠다.

01

발음을 이용한 어휘교육

○
○
○

발음의 대조를 이용한 어휘교육에 사용되는 어휘는 한자어의 형태와 뜻이 같고 그 소리까지 비슷한 동형동의어를 중심으로 이루어진다. 한자 어휘 중에 동형동의어는 오류가 생기는 비율이 제일 적은데 그 이유는 간단하다. 동형동의어는 중국과 한국의 한자 어휘가 그 의미, 형태, 발음까지 비슷하기 때문이다. 따라서 발음이 비슷한 한자 어휘들이 나오면 그 옆에 중국어의 한자 어휘발음과 함께 중국어 어휘까지 제시하면 학습자들이 형태, 발음, 의미가 비슷한 것을 쉽게 파악하고 이해력도 훨씬 빨라질 것이다. 발음을 이용한 어휘 교육 방안은 다음과 같다.

[어휘 제시 및 확인학습]

(1) 학습자에게 초급에서 배운 단어 중에서 중국어 어휘와 비

슷한 발음, 형태, 의미를 가진 것은 무엇이 있는 지 물어보고 비슷한 발음이 나는 초급 어휘들을 몇 개 모아서 간단하게 제시해 준다.

1) 가수-歌手 [ge:가, shou:수]

2) 전화-電話 [dian:전, hua화]

3) 운동-運動 [yun:운, dong:동]

(2) 글에서 나온 한자 어휘 중에서 동형동의어말을 따로 모아 중국어와 함께 중국어 발음을 제시하여 준다. 그리고 한 문장에 빈 칸을 두고 그 빈칸에 들어갈 단어를 학생들이 유추할 수 있도록 하여 문맥을 통해 단어를 익힐 수 있도록 한다.

1) 속도-速度 [su:속, du:도]
예) 이 차는＿＿가 어때요? (속도)

2) 온도-溫度 [wen:온, du:도]
예) 교실 ＿＿가 높다. (온도)

3) 대학 - 大學 [da;대, xue:학]

예) 좋은 ____에 입학하고 싶다.(대학)

(3) 위에서 익힌 한자어들은 어휘들은 어휘 확장을 통하여 확장을 시킨다. 한자 어휘는 조어력이 풍부하여 하나의 형태소에서 2음절, 3음절어로 점차 확장된 단어를 만들어낼 수가 있다. 이러한 것을 활용하여 학습자들이 재미있고 쉽게 한자 어휘를 익힐 수 있는 방법이 바로 어휘 확장을 통하여 교육을 시키는 것이다.

그리고 한자어를 이용한 어휘 확장이나 한자어 어휘망(網) 학습법도 좋은 방법이 될 수 있다.

이렇게 쉽게 활용될 수 있는 한자 및 한자어들은 아주 많다. 어휘망(網) 학습법은 한국 한자어와 중국어를 비교하고, 의미를 파악하여 한자어를 확장하는 연습이다. 학습자에게 추측할 수 있도록 빈칸으로 주어 게임처럼 활용하면 흥미를 유발시킬 수 있을 것이다.

이렇게 쉽게 활용될 수 있는 한자 및 한자어들은 아주 많다. 아래는 조사하여 조어력이 높은 한자의 목록을 순서대로 보였다.

학(學), 대(大), 인(人), 생(生), 화(化), 국(國), 업(業), 행(行), 일(日), 출(出), 사(事), 물(物), 용(用), 기(期), 발(發), 지(地), 이(離), 이/리(理), 중(中), 일(一), 감(感), 문(), 심(心), 금(金), 분

(分), 실(室), 정(正), 회(會), 서(書), 자(子), 체(體), 동(同), 무(無), 시(時), 식(食), 편(便), 교(敎), 외,(外) 가(家), 별, 부/불(不), 성(性), 수(水), 자(自), 면(面), 민(民), 입(入), 품(品), 고(高), 력(力), 상(上), 성(聖), 소(所), 어(語), 본(本), 전(前), 요/료(要), 하(下), 공(工), 년(年), 적(的), 특(特)........

위에서 첫 번째로 조어력이 높게 나타내는 한자어 '學'의 경우 해당 한자어 목록은 다음과 같다.

學(59개) 高等學生, 科學, 學校, 學生, 大學, 高等學校, 放學, 大學生, 大學校, 男學生, 國立學校, 學年, 學期, 中學校, 入學, 留學, 休學, 學點, 學者, 學術, 學期末, 學期, 哲學, 進學, 在學, 奬學金, 人文科學, 留學生, 數學, 社會科學, 社會學, 複學, 文學, 經濟學, 開學, 化學, 混沌科學, 學位, 學費 學閥, 學問, 統計學, 初等學校, 中學生, 中學, 朱子學, 歷史學, 學識, 學歷, 休學, 旅行學, 觀光學, 法學, 哲學, 民俗學, 物理學, 大學院生, 國文學, 天文學.

02

의미를 이용한 어휘교육

○
○○
○

앞에 4장에서 분석한 거처럼 한국어 한자 어휘와 중국어 한자 어휘가 형태는 똑같지만 일부 혹은 전체 의미가 달라진 동형어를 '동형이의어'라고 한다. 예를 들어 한국어의 '汽車'는 '기차'를 의미하지만 중국어에서는 '자동차, 차'를 의미한다. 따라서 한국어 교수학습 시 동형이의어의 차이점을 안다면 어휘학습 시 오류발생을 최소화 할 수 있을 것이라고 생각된다.

[어휘 제시 및 확인학습]

표현(表現)
예) 此人一貫愛表現自己。
* 이 사람은 항상 자신을 표현하기 좋아한다.
이 사람은 항상 자신을 과시하기 좋아한다.

[韓] 느낌이나 생각을 말, 글, 작품 따위를 통하여 겉으로
드러내다.

예) 아버지는 그에게 고민을 말로 표현하라고 했습
니다.

[中] ① 표현하다.

예) 대단한 용기와 지혜를 표현하다(나타내다).(表現出
巨大的勇气和智慧)。

② 태도, 품행, 언동, 행동

예) 그는 일을 하는 태도가 매우 좋다.(他工作上表現
很好)。

③ 일부러 자신을 과시하다.

예) 이 사람은 언제나 자신을 과시하고, 내세우기 좋
아한다.(他总爱表現自己, 爱出风头)。

한국어의 '表現'과 중국어의 '表現'은 '어떤 생각이나 느낌 따위
를 언어나 몸짓으로 드러내어 나타내다'는 의미를 포함하고 있는
반면 중국어의 '表現'은 이 외에 또 일부러 자신을 과시하기 위하
여 허풍을 치는 현상을 비꼬는 의미도 포함하고 있으므로 여기에
서 '과시하다'란 어휘로 바꾸어야 맞는 문장이 된다.

111

가족(家族)

[韓] ① (어버이와 자식, 형제자매, 부부 등)혈연과 혼인 관계
   등으로 한집안을 이룬 사람들의 집단.
   예) 잃어 버렸던 아이가 열흘 만에 가족(家族)의 품으
   로 돌아   왔다.
② 동일한 호적에 있는 친족.
   예) 고소는 가족(家族)명의로 하지 아니하고 딴 사람
   명의로 했다.
③ 이해관계나 뜻을 같이 하여 맺어진 사람들을 비유적
   으로 이르는 말
   예) 우리 회사 종업원이 되신 여러분은 이제 한 가족
   (家族)입니다.

[中] 같은 혈통을 가지고 있는 친족들.
   예) 강씨 친족들이 수는 매우 많다.(姜氏家族有很多人).

한자 어휘와 중국어 어휘의 공통점과 차이점을 제시한 후에
학생들에게 제시된 단어를 이용하여 작문을 하게하고 그 작문된
문장을 통해서 학습자들에게 단어의 정확한 뜻을 다시 한 번 각
인시켜야 한다.

03

표기를 이용한 어휘교육[8]

그리고 오류가 발생했을 시에 그 오류에 대해 다시 설명 해주고 다른 다양한 예문을 통해 동형이의어의 정확한 쓰임을 알려 줘야 할 것이다. 특히 중국에서 좀 더 많은 의미를 가진 동형이의어들은 학습자들이 그 의미 그대로 한국어에도 있다고 생각하여 자주 오류를 범하는데 이러한 부분들을 교사가 미리 예측하여 제시해준 다면 학습자들의 오류를 최대한으로 줄일 수가 있을 것이다.

한국어 문장 속에 한자 어휘가 있으면 그 어휘를 한자로 명기를 해주면 중국인 학습자들이 쉽게 이해를 할 수 있다. 특히 이형 동의어 같은 경우 그 의미는 같으나 형태가 다른 단어이므로 같은 의미의 한자 어휘 생방송(生放送) 나오면 그냥 한자만 병기할

---

8 이 방법은 김수희(2005)에서도 제시가 되어 있는 방법인데 김수희(2005)는 중국인 학습자를 위한 어휘 교육 방안으로 한자 병기를 제시하였다. 이것은 중국인을 위한 한국어 어휘 교육이나 한자 어휘 교육에서 꼭 필요한 것으로 다른 논문에서도 공통적으로 제시되어 있는 방법이다.

경우 중국인 학습자들이 쉽게 이해하지 못할 수도 있다. 왜냐하면 한국에서는 생방송(生放送)이라고 하지만 중국에서는 직파(zhibo, 直播) 라고 하기 때문에 그 의미는 같지만 형태가 달라서 중국어까지 함께 제시하지 않으면 오류의 원인이 된다.

따라서 한자어와 함께 중국어까지 제시를 하여야 한다. 이형동 의어는 어휘를 학습한 다음에 및 가지 활동을 통해서 확인 학습을 할 수가 있는 내용은 다음과 같다.

[어휘 제시 및 확인학습]

가. 교재에 이형통의어의 한자 어휘가 나온다면 이를 중국어와 한자병기를 하여 제시한다. 학습자들은 한자와 중국어 표기만으로 충분히 이해를 할 수 있을 것이다. 그리고 제시된 단어로 문장을 만들고 학습자들로 하여금 문장을 보고 문맥상에서 유추하도록 한다.

(1) 약국-藥局, 「중」: 药店
예) 약국에서 진통제를 샀다.

(2) 양복-洋服 「중」: 西服
예) 내일 꼭 양복을 입고 오세요.

(3) 자전거 - 自轉車 「중」: 自行车
예) 나는 자전거를 탈 줄 안다.

위와 같이 이형동의어는 어휘 제시의 단계에서 교사의 보충 설명보다는 교재에서 한자어와 중국어 표기를 해주면 중국인 학습자들에게 충분한 성명이 된다. 그리고 어휘를 학습한 후에는 활동으로 학습자들의 이해 정도를 확인할 수 있는데 본고에서는 두 가지의 활동을 제시하였다.

나. 책상 위에 중국어로 적힌 카드를 섞어 놓고 교사가 말하는 한국어 어휘와 같은 의미의 단어를 빨리 찾는 게임을 한다.

라. 학습자들이 일으킨 한자 어휘 오류가 들어있는 문장을 PPT로 보여주고 고쳐서 말하도록 한다.
먼저 카드 찾기 게임을 학습자들이 흥미를 유도하여 자칫 딱딱하기 쉬운 한자 어휘 학습을 쉽고 재미있게 할 수 있도록 한다. 그리고 오류 문장 고치기는 학습자들이 범할 수 있는 오류들을 다양하게 접할 수 있어 학습자들이 앞으로 범하게 될 오류를 줄일 수 있다.

제6장

결론

어휘가 모국어에서 언어 습득의 시작일 뿐만 아니라, 외국에서는 단계가 높아질수록 어휘 때문에 어려움이 생기기 때문에 언어학습의 마지막 역시 어휘라고 보았다. 한국에서는 한자어가 얼마나 많은 비중을 차지하는가에 대해 약간 차이를 가지고 있지만 반수 이상이 된다고 하는데는 별 이견이 없을 것이다. 이처럼 한자어는 한국에서 상당한 양을 차지하고 있으며, 고급 어휘로 올라갈수록 교육용 어휘나 전문 어휘 등의 사용으로 인해 한자어의 출현 빈도는 높아지고 있다. 또한 외국인을 위한 한국어 기본 어휘에서도 절반 정도가 한자어인 것을 감안한다면 한국어 어휘에서 한자어는 상당한 비중을 차지하고 있다고 본다. 한국어에서 한자어의 사용이 비교적 높다는 것은 처음 한국어를 접하는 중국인 학습자에게 타 언어권에 비해 친숙함을 가질 수 있는 요인으로 작용한다. 또한 한국어 한자어휘와 중국어와의 형태·의미의 유사성은 한국어 학습 시 많은 도움을 줄 수 있을 것이다.

이에 본문에서는 한국어와 중국어 어휘의 유사성과 차이점을 형태, 의미상으로 세분화하여 그 공통점과 차이점을 살펴보고, 이를 한국어 교육에 활용하여 공통점을 최대화하고 차이점을 최소화하는 한국어 교육 방안을 연구해 보았다. 중국인 학습자를 대상으로 한국어 어휘 교육에 적용해 본다면 효과가 있을 것으로 생각된다. 중국인 한국어 학습자를 대상으로, 한국어의 한자어 교육에 대한 심층적인 탐구를 통해, 이러한 학습자들이 특유의

어려움과 장점을 갖고 있는 한국어 학습 과정을 개선하고 효과적
인 학습 전략을 제시하기 위한 노력을 기울였다. 이 과정에서, 본
연구에서는 한국어 한자어의 특성, 학습자의 배경 지식, 그리고
교육 방법론의 다양한 측면을 종합적으로 분석하고, 이를 바탕으
로 교육적 시사점을 제시해 보았다.

　2장에서는 한국어 한자어휘와 중국어 어휘의 특징을 알아보고
자 한 후, 한국어와 중국어 어휘의 일반적인 공통점과 차이점을
간략히 비교해 보았다. 이를 토대로 한국어 한자어휘와 중국어
어휘의 일반적인 특징이 어떠한지 또는 어떠한 공통점과 차이점
이 있는지를 살펴보았다.

　첫째, 중국어 어휘의 특징에 대해 분석하였다.
　중국어는 세계에서 가장 많이 사용되는 언어 중 하나로, 그 어
휘 체계는 독특한 특징을 지니고 있다. 『中國語大百科全書』에서
제시한 현대 중국어 어휘의 특징을 바탕으로, 중국어 한자 어휘
의 주요 특징을 7까지 살펴보았다.
　단음절 형태소의 조어력 풍부하다. 중국어는 주로 단음절 형태
소로 구성되어 있으며, 이러한 단음절 형태소는 조어의 기초가
된다. 예를 들어, '山'(산), '水'(물), '火'(불)와 같은 단어들은 각각
독립적인 의미를 지니고 있다. 이러한 단음절 형태소는 조합을

통해 새로운 의미를 만들어내는 데 유리하다. 예를 들어, '火山' (화산)은 '火'와 '山'의 결합으로 이루어진 단어로, 두 단어의 의미 가 결합하여 새로운 개념을 형성한다.

단어의 결합방식이 문장 구조와 일치한다. 중국어의 단어 결합 방식은 문장 구조와 밀접하게 연관되어 있다. 주어-동사-목적어 (SVO) 구조를 따르는 중국어에서, 단어의 결합은 자연스럽게 문 장 내에서의 역할을 반영한다. 예를 들어, '我吃苹果'(나는 사과를 먹는다)에서 '我'(나)는 주어, '吃'(먹다)는 동사, '苹果'(사과)는 목 적어로 각각의 단어가 문장 내에서의 위치에 따라 의미를 명확히 전달한다.

고립어의 특성을 가진다. 중국어는 고립어로 분류되며, 이는 단어가 독립적으로 존재하고 문법적 변형이 적다는 것을 의미한 다. 예를 들어, 영어와 같은 굴절어에서는 동사의 시제나 명사의 수를 변화시키기 위해 어미를 추가하지만, 중국어에서는 이러한 변화가 없다. 대신, 문맥이나 부사어를 통해 의미를 전달한다. 이 러한 고립어의 특성은 중국어의 문법적 간결함을 가져온다.

이음절화 되는 추세가 있다. 현대 중국어에서는 이음절화가 두 드러진 추세를 보인다. 많은 단어가 두 개의 음절로 구성되어 있 으며, 이는 발음의 유창성을 높이고 의미의 명확성을 더한다. 예 를 들어, '电脑'(컴퓨터), '电话'(전화)와 같은 이음절 단어는 단음 절 단어보다 더 구체적인 의미를 전달할 수 있다. 이음절화는 또

121

한 언어의 리듬감을 향상시키는 역할을 한다.

중국어는 성조 언어이다. 중국어는 성조 언어로, 음의 높낮이에 따라 단어의 의미가 달라진다. 예를 들어, '妈'(엄마)와 '马'(말)는 발음은 같지만 성조가 다르기 때문에 의미가 완전히 다르다. 이러한 성조의 존재는 중국어 학습에 있어 중요한 요소로 작용하며, 발음의 정확성이 의미 전달에 큰 영향을 미친다.

중국어에는 명사를 세는 단위로 양사가 존재한다. 양사는 명사의 수량을 나타내는 데 사용되며, 특정 명사와 결합하여 그 의미를 명확히 한다. 예를 들어, '一只猫'(한 마리 고양이)에서 '只'는 고양이를 세는 양사로, 고양이라는 명사의 수량을 나타낸다. 양사는 명사의 종류에 따라 다르게 사용되며, 이는 중국어의 독특한 문법적 특징 중 하나이다. 예를 들어, '一杯水'(한 잔의 물)에서 '杯'는 물을 세는 양사로 사용된다. 이러한 양사의 사용은 중국어에서 명사의 의미를 더욱 구체화하고, 문장의 명확성을 높이는 데 기여한다. 양사는 일반적으로 명사의 성격이나 형태에 따라 선택되며, 이는 중국어를 배우는 데 있어 중요한 부분이다. 따라서 학습자는 다양한 양사를 익히고, 각각의 사용 맥락을 이해하는 것이 필요하다. 양사의 존재는 중국어의 문법적 구조를 더욱 풍부하게 하며, 언어의 표현력을 높이는 데 중요한 역할을 한다.

음역한 외래어가 적다. 중국어에서 외래어는 주로 음역을 통해 도입된다. 이는 외국어의 발음을 중국어의 음절 구조에 맞추어 변형하는 방식이다. 예를 들어, '咖啡'(커피)와 '巧克力'(초콜릿)과 같은 단어는 원래의 발음을 기반으로 하여 중국어로 변환된 것이다. 그러나 중국어에서 외래어의 수는 상대적으로 적으며, 이는 중국어가 오랜 역사와 전통을 가진 언어임을 반영한다. 외래어의 음역은 중국어의 어휘를 확장하는 데 기여하지만, 동시에 중국어의 고유한 어휘와 문법적 특성을 유지하는 데 중요한 역할을 한다. 이러한 음역 방식은 중국어의 유연성과 적응력을 보여주며, 현대 사회에서의 문화적 교류를 반영하는 중요한 요소로 작용하고 있다.

중국어의 어휘적 특징은 단음절 형태소의 조어력, 문장 구조와의 일치, 고립어의 특성, 이음절화의 추세, 성조 언어의 특징, 양사의 존재, 외래어의 음역 등으로 요약될 수 있다. 이러한 요소들은 중국어의 독특한 문법적 구조와 표현력을 형성하며, 언어 학습자에게는 도전이자 흥미로운 탐구의 대상이 된다. 중국어의 어휘적 특성을 이해하는 것은 언어의 깊이를 더하고, 효과적인 의사소통을 위한 기초를 마련하는 데 필수적이다.

둘째, 한국어 한자어의 특징에 대해 살펴보았다.

한국어 한자 어휘는 한국어의 중요한 구성 요소로, 그 특성은 한국어 교육 및 언어학 연구에서 많은 주목을 받고 있다. 한국어는 한자어와 고유어로 구성된 혼합어 체계를 가지고 있으며, 이

123

초급 단계 중국인 한국어 학습자의 효과적인 한국 한자어 교육 연구

중 한자어는 중국어와 깊이 관련되어 있는 특성을 지닌다. 이러한 특성은 중국인 학습자들에게 특별한 영향을 미치며, 그 영향은 양면적으로 나타난다. 한편으로는 중국어와 한국어의 한자어 간의 유사성이 학습자의 학습을 가속화시키고, 다른 한편으로는 세세한 차이에 따른 오해와 혼란을 불러일으킬 수 있다. 본 연구에서 한국어 한자어의 특성을 정리하여 다음 일곱가지로 측면에서 분석하였다.

조어력이 뛰어나다. 한국어 한자 어휘는 조어력이 뛰어난 특징을 가지고 있다. 이는 한자어가 다양한 조합을 통해 새로운 단어를 생성할 수 있는 능력을 의미한다. 예를 들어, '교육(教育)', '발전(發展)', '환경(環境)'과 같은 단어들은 각각의 한자가 결합하여 새로운 의미를 만들어낸다. 이러한 조어력은 한국어의 표현력을 풍부하게 하며, 다양한 분야에서 선문 용이로 활용될 수 있는 기반이 된다.

동음이의어가 많아 의미 파악에 방해가 됨. 한국어 한자 어휘에는 동음이의어가 많아 의미 파악에 어려움을 줄 수 있다. 예를 들어, '행(行)'이라는 한자는 '행동(行動)'과 '행운(幸運)' 등 여러 의미로 사용될 수 있다. 이러한 동음이의어는 문맥에 따라 해석이 달라질 수 있어, 학습자나 사용자에게 혼란을 줄 수 있다. 따라서 한자어를 학습할 때는 문맥을 고려한 의미 파악이 중요하다.

전문어로 많이 쓰인다. 한자어는 주로 전문어로 많이 사용된

다. 의학, 법률, 과학 등 특정 분야에서 한자어는 그 분야의 전문 용어로 자리 잡고 있다. 예를 들어, '진단(診斷)', '법률(法律)', '화학(化學)' 등은 각 분야에서 필수적으로 사용되는 용어들이다. 이러한 전문어의 사용은 해당 분야의 지식을 전달하는 데 중요한 역할을 한다.

한국어 한자어는 양면성을 가지고 있다. 한자어는 양면성을 가지고 있다. 즉, 한자어는 긍정적인 의미와 부정적인 의미를 동시에 지닐 수 있다. 예를 들어, '사(死)'라는 한자는 죽음을 의미하지만, '사랑(愛)'이라는 단어와 결합하여 긍정적인 의미를 생성할 수 있다. 이러한 양면성은 한자어의 다층적인 의미를 이해하는 데 중요한 요소로 작용한다.

중국 및 일본에서 쓰는 한자어와 유사성을 가지고 있다. 한국어 한자어는 중국어와 일본어에서 사용되는 한자어와 유사한 점이 많다. 이는 역사적으로 한자 문화권에 속한 나라들 간의 언어적 교류와 영향을 반영한다. 예를 들어, '학교(學校)'라는 단어는 한국어, 중국어, 일본어 모두에서 유사한 형태로 사용된다. 이러한 유사성은 한국어 학습자에게 다른 한자 문화권 언어를 배우는 데 도움을 줄 수 있다.

정자의 사용 특징을 가지고 있다. 한국어 한자어는 속자나 약자보다 정자를 많이 사용한다. 이는 한자어의 의미를 명확하게 전달하기 위한 방법으로, 정자를 사용함으로써 원래의 의미를 유지할 수 있다. 예를 들어, '정신(精神)'이라는 단어는 정자를 사용하여 그 의미를 명확히 전달한다. 이러한 경향은 한국어의 한자어 사용에서 중요한 특징으로 자리 잡고 있다.

마지막으로, 한국어 한자어는 한자를 음독하는 방식으로 사용된다. 이는 한국어에서 한자어를 사용할 때, 한자의 발음을 한국어 음운 체계에 맞추어 읽는 것을 의미한다. 예를 들어, '학교(學校)'라는 단어에서 '학'은 '학(學)'의 음독인 '학'으로, '교'는 '교(校)'의 음독인 '교'로 발음된다. 이러한 음독 방식은 한국어 한자어의 발음 체계를 형성하며, 한자어를 이해하고 사용하는 데 중요한 역할을 한다. 이와 같은 음독의 특징은 한국어 한자어의 학습에 있어 필수적인 요소로 작용하며, 학습자들이 한자어를 보다 쉽게 익힐 수 있도록 돕는다. 또한, 음독을 통해 한자어의 발음과 의미를 연결 짓는 과정은 한국어의 어휘력을 확장하는 데 기여한다.

한국어 한자 어휘의 특징은 조어력, 동음이의어의 존재, 전문어로의 사용, 양면성, 중국 및 일본과의 유사성, 정자의 사용, 음독의 특징 등으로 요약될 수 있다. 이러한 특징들은 한국어 한자어의 독특한 성격을 형성하며, 한국어 학습자에게는 한자어를 이해하고 활용하는 데 중요한 기초가 된다. 따라서 한국어 교육에서는 이러한 한자어의 특징을 충분히 반영하여 효과적인 학습 방법을 모색해야 할 필요가 있다.

126

셋째로 한국어와 중국어의 한자어 어휘 특징에 대해 비교해 보았다.

한자어는 한국어와 중국어 모두에서 중요한 어휘 구성 요소로 자리 잡고 있다. 두 언어는 역사적으로 깊은 연관성을 가지고 있으며, 한자의 사용은 그 연관성을 더욱 강화시킨다. 본 논문에서는 한국어와 중국어의 한자어 어휘 특징을 비교하고, 그 차이점과 공통점을 분석하였다.

먼저 한국어 한자어의 정의와 기원에 대해 살펴보았다. 한자어란 한자를 기초로 하여 형성된 어휘로, 주로 명사, 동사, 형용사 등 다양한 품사에서 사용된다. 한국어의 한자어는 주로 고려시대와 조선시대에 중국으로부터 유입된 한자어가 많으며, 중국어의 한자어는 고대부터 현대에 이르기까지 지속적으로 발전해왔다. 두 언어 모두 한자를 사용하지만, 그 사용 방식과 의미는 다소 차이가 있다.

또한 한국어 어휘의 형성 및 사용에 대한 내용을 살펴 보았다. 한국어의 한자어는 주로 두 가지 방식으로 형성된다. 첫째, 중국어에서 직접 차용한 경우이다. 예를 들어, '학교(學校)'와 '학생(學生)'은 중국어에서 유래한 한자어이다. 둘째, 한국어의 고유어와 결합하여 새로운 의미를 형성하는 경우이다. 예를 들어, '사람(人)'과 결합하여 '인간(人間)'이라는 단어가 만들어진다. 반면, 중국어의 한자어는 고유한 한자 조합을 통해 형성된다. 예를 들어,

127

'学习(학습)'는 '学(학)'과 '习(습)'의 결합으로 이루어져 있다. 중국어는 한자의 조합을 통해 다양한 의미를 표현할 수 있는 특징이 있다.

어휘의 사용면에서 한국어에서 한자어는 주로 공식적이거나 학문적인 맥락에서 사용된다. 예를 들어, '경제(經濟)', '정치(政治)'와 같은 단어는 일상 대화보다는 학술적 논의에서 더 자주 사용된다. 또한, 한국어에서는 한자어와 고유어가 혼용되어 사용되며, 이는 언어의 다양성을 높인다.

중국어에서는 한자어가 일상 대화에서도 널리 사용된다. 예를 들어, '朋友(친구)', '家(집)'와 같은 단어는 일상적인 대화에서 자주 등장한다. 중국어는 한자어의 사용이 매우 보편적이며, 이는 언어의 통일성과 일관성을 유지하는 데 기여한다.

2장에서 한국어와 중국어의 한자 어휘 특징 비교 결국을 보면 다음과 같다.

한국어와 중국어의 한자어는 종종 동일한 한자를 사용하더라도 의미가 다를 수 있다. 예를 들어, '情(정)'이라는 한자는 한국어에서 '정'이라는 감정을 나타내지만, 중국어에서는 '감정'이나 '사랑'을 포함한 더 넓은 의미를 가진다. 이러한 의미의 차이는 두 언어의 문화적 배경과 역사적 맥락에서 기인한다.

한국어와 중국어의 한자어는 역사적 연관성에도 불구하고, 어휘의 형성, 사용, 의미에서 뚜렷한 차이를 보인다. 한국어는 한자

128

어와 고유어의 혼합을 통해 언어의 다양성을 추구하는 반면, 중국어는 한자어의 보편적 사용을 통해 언어의 통일성과 일관성을 유지하고 있다. 이러한 차이는 두 언어의 발전 과정과 문화적 특성을 반영하며, 언어 학습자에게는 각 언어의 독특한 어휘 체계를 이해하는 데 중요한 요소가 된다.

또한, 한국어의 한자어는 종종 고유어와의 결합을 통해 새로운 의미를 창출하기도 한다. 예를 들어, '사람(人)'과 '사회(社會)'를 결합하여 '인사회(人社會)'라는 표현을 사용할 수 있다. 반면, 중국어에서는 한자어가 독립적으로 사용되며, 조합의 방식이 한국어와는 다르게 이루어진다. 이러한 점에서 두 언어의 한자어 사용 방식은 서로 다른 언어적 사고를 반영하고 있다.

결국, 한국어와 중국어의 한자어는 각 언어의 문화적, 역사적 배경을 바탕으로 형성된 독특한 어휘 체계를 가지고 있으며, 이는 두 언어를 배우고 이해하는 데 있어 중요한 요소로 작용한다. 이러한 비교를 통해 우리는 언어의 다양성과 복잡성을 더욱 깊이 이해할 수 있다.

3장에서는 중국 한어수평고시 HSK에서 제시한 기본어휘 중 초급에 해당하는 HSK 甲급 어휘와 한국어기본어휘의 비교를 통해 HSK 기본어휘가 한국어기본어휘에 비교하여 어느 정도의 수준이며 그 내용은 어떠한 것들이 있는지를 살펴보았고 2003년 국어국립연구원에서 발행한 한국어 〈학습용 어휘선정 결과 보고서〉의 한국어 A등급 기본어휘와 HSK 甲급 어휘의 일대일 대응을 통해 한국어 기초단계에 해당하는 기본어휘와 중국어 기초수준의 어휘를 분석해 보고 공통적인 어휘, 특히 한자어휘의 비중이 한국어 기본어휘의 전체 한자어휘 중 55.8%로 그 비중이 적지 않음을 알았다. 이를 토대로 한국어 A등급의 한자어휘를 이용한 중국인 초급 한국어 학습자를 위한 확장전략의 기본 의미를 제시하였다.

중국어와 한국어는 서로 다른 언어 체계를 가지고 있지만, 두 언어 모두 아시아에서 중요한 역할을 하고 있다. 특히, HSK(汉语水平考试) 시험은 중국어 학습자에게 필수적인 평가 기준으로 자리 잡고 있으며, HSK甲급은 초급 수준의 어휘를 포함하고 있다. 본 논문에서는 HSK甲급 어휘와 한국어 기본 어휘를 비교하여 두 언어의 특징을 분석하였다.

HSK甲급은 1033개의 어휘로 구성되어 있으며, 이 어휘들은 일상생활에서 자주 사용되는 단어들로 이루어져 있다. 예를 들어, "你好"(안녕하세요), "谢谢"(감사합니다), "再见"(안녕히 가세요)와 같은 인사말이 포함되어 있다. 이러한 어휘는 중국어를 처음 배우는 학습자에게 필수적이며, 기본적인 의사소통을 가능하게 한다. HSK甲급 어휘는 주로 명사, 동사, 형용사로 구성되어 있으며, 간단한 문장을 형성하는 데 필요한 기초적인 단어들이다. 이

어휘들은 중국어의 기본적인 문법 구조와 결합되어 사용되며, 학습자들이 중국어의 기초를 다지는 데 큰 도움이 된다.

한국어의 기본 어휘는 일상생활에서 자주 사용되는 단어들로 구성되어 있으며, 대개 982개의 단어로 이루어진다. 한국어의 기본 어휘에는 "안녕하세요", "감사합니다", "안녕히 가세요"와 같은 인사말이 포함되어 있으며, 이는 HSK甲급 어휘와 유사한 점이다. 그러나 한국어는 조사와 어미 변화가 중요한 언어이기 때문에, 기본 어휘를 익히는 것 외에도 문법적인 요소를 함께 학습해야 한다.

한국어의 기본 어휘는 명사, 동사, 형용사뿐만 아니라 부사와 감탄사 등 다양한 품사를 포함하고 있다. 이러한 다양성은 한국어의 문장 구조를 더욱 풍부하게 만들어 주며, 학습자들이 다양한 표현을 사용할 수 있도록 돕는다.

3장에서는 HSK甲급 어휘와 한국어 기본 어휘의 비교 결국을 살펴보면 다음과 같이 제시 할 수 있다.

HSK甲급 어휘와 한국어 기본 어휘는 모두 일상생활에서 자주 사용되는 단어들로 구성되어 있다는 공통점이 있다. 그러나 두 언어의 어휘 구성과 문법적 특징에는 차이가 있다. HSK甲급 어휘는 상대적으로 적은 수의 단어로 구성되어 있어, 초급 학습자들이 빠르게 익힐 수 있는 장점이 있다. 반면, 한국어 기본 어휘는 더 많은 단어를 포함하고 있어, 학습자들이 다양한 상황에서 의사소통을 할 수 있도록 돕는다.

또한, HSK甲급 어휘는 중국어의 성조와 발음에 대한 이해가 필요하지만, 한국어는 음절 구조가 비교적 단순하여 발음이 상대적으로 쉽다. 그러나 한국어는 조사와 어미 변화가 복잡하여 문법적인 이해가 필요하다. 이러한 점에서 두 언어의 학습 난이도는 다르게 나타날 수 있다.

HSK甲급 어휘와 한국어 기본 어휘는 각각의 언어에서 중요한 역할을 하며, 초급 학습자들에게 필수적인 기초를 제공한다. 두 언어의 어휘와 문법적 특징을 비교함으로써, 학습자들은 각 언어의 특성을 이해하고 효과적으로 학습할 수 있는 방법을 모색할 수 있다. HSK甲급 어휘는 중국어의 기초를 다지는 데 중요한 역할을 하며, 한국어 기본 어휘는 한국어의 다양한 표현을 익히는 데 필수적이다.

따라서, 두 언어를 동시에 학습하는 경우, HSK甲급 어휘와 한국어 기본 어휘의 차이점을 인식하고 각 언어의 문법적 특징을 이해하는 것이 중요하다. 이를 통해 학습자들은 두 언어의 구조적 차이를 극복하고, 보다 유창하게 의사소통할 수 있는 능력을 기를 수 있을 것이다.

결론적으로, HSK甲급 어휘와 한국어 기본 어휘는 각각의 언어에서 기초적인 소통 능력을 배양하는 데 필수적이며, 두 언어의 어휘와 문법적 특징을 비교하는 것은 언어 학습에 있어 매우 유익한 접근법이 될 것이다.

3장에서는 한국어 학습용 기본어휘의 초급 A등급 어휘와 HSK 초급 甲급 어휘의 비교하였다.

언어 학습에서 어휘는 중요한 요소로, 학습자의 의사소통 능력에 직접적인 영향을 미친다. 한국어와 중국어는 각각의 언어적 특성과 문화적 배경을 반영한 어휘 체계를 가지고 있다. 본장에서는 한국어 학습용 기본어휘 중 초급 A등급 어휘와 HSK 초급 甲급 어휘를 비교하여, 두 언어의 어휘 체계와 학습자의 언어 습득에 미치는 영향을 분석하고자 하였다.

한국어의 A등급 어휘는 초급 학습자가 알아야 할 기본적인 단어들로 구성되어 있으며, 일상생활에서 자주 사용되는 단어들이다. 이 어휘는 주로 사람, 사물, 장소, 기본 동작 등을 포함하고 있어, 학습자가 기본적인 의사소통을 할 수 있도록 돕는다.

반면, HSK 초급 甲급 어휘는 중국어 학습자가 기초적인 의사소통을 위해 알아야 할 단어들로, 주로 일상생활에서 자주 사용되는 단어들로 구성되어 있다. 이 어휘는 기본적인 문장 구성과 의사소통을 가능하게 하며, 중국어의 기초를 다지는 데 중요한 역할을 한다.

A등급 어휘와 甲급 어휘는 모두 일상생활에서 자주 사용되는 단어들로 구성되어 있지만, 그 내용과 범위에서 차이를 보인다. A등급 어휘는 주로 다음과 같은 카테고리로 나눌 수 있다:

예:

가. 사람**: 가족, 친구, 선생님 등

나. 사물: 책, 의자, 컴퓨터 등

다. 장소: 학교, 집, 공원 등

라. 기본 동작: 가다, 오다, 먹다 등

HSK 초급 甲급 어휘 역시 비슷한 카테고리로 나눌 수 있으며, 다음과 같은 단어들이 포함 된다.

예:

가. **사람**: 妈妈(엄마), 爸爸(아빠), 朋友(친구) 등

나. 사물: 书(책), 椅子(의자), 电脑(컴퓨터) 등

다. 장소: 学校(학교), 家(집), 公园(공원) 등

라. 기본 동작: 去(가다), 来(오다), 吃(먹다) 등

이처럼 두 언어의 초급 어휘는 기본적인 생활과 관련된 단어들로 유사성을 보이지만, 언어적 특성에 따라 표현 방식이나 사용되는 문맥에서 차이를 나타낸다.

결론적으로, 한국어 A등급 어휘 982개 중 중국 어 甲급 어휘와 공통적으로 나타나는 어휘는 총 450개로 45%를 차지한다. 이중 A등급 한국어 한자어와 대응되는 甲급 어휘는 173개로 전체 한자

어휘의 55.8%의 비중을 차지하고 있다. 즉, 한국어 기본어휘 A등급의 한자어 310개중의 173개가 중국어초급 어휘에서도 공통적으로 나타나며, 한국어 초급 수준의 A등급의 한자어휘 중 55.8%가 중국어 甲급 기본어휘에 사용되고 있음을 알 수 있다. 이러한 결과는 중국인 초급 한국어 학습자를 위한 한국어 한자어 교육의 필요성을 지지한다고 할 수 있겠다. 비교를 통해 살펴본 한국어 A등급과 중국어의 공통된 한자어휘는 동형동의어(同形同義語), 동형이의어(同形異義語) 동의이형어(同義異形語)의 세 부분으로 나누어 볼 수 있으며, 이들 각각의 공통점과 차이점은 중국인 초급 한국어 학습자의 어휘 교육에 활용될 수 있을 것이다.

4장에서 〈한국어 학습용 어휘 선정 결과 보고서〉를 참고하여 그 중 A급 한자어를 선정하고 선정한 한자어들은 의미에 중점을 두고 의미적인 면에서 공통점과 차이점을 짚어보고 학생들에게 한자어를 사용할 때 저지르기 쉬운 실수와 특별히 주의해야 할 점을 명확하게 비교 하였다. 중·한 양국 어휘 의미상의 공통점과 차이점을 비교 분석하여 동형동의(同形同義)한자어, 동형이의(同形異義)한자어, 동의이형(同義異形)한자어로 분류하였다. 이는 교사와 중국인 학습자 둘 다를 위한 것이며 사전에 이러한 특성들을 안다면 한자어휘로 인한 중국인 학습자의 오류를 줄일 수 있을 것으로 생각된다.

첫째, 한국어 한자어와 중국어 동형동의 한자어 비교

한자어는 한국어와 중국어 모두에서 중요한 어휘 구성 요소로 자리 잡고 있다. 두 언어는 역사적으로 깊은 연관성을 가지고 있으며, 많은 한자어가 서로 유사한 형태와 의미를 지니고 있다. 그러나 이러한 동형동의 한자어는 발음, 사용 맥락, 의미의 뉘앙스에서 차이를 보이기도 한다. 본 논문에서는 한국어 한자어와 중국어 동형동의 한자어를 비교하여 그 유사성과 차이점을 분석하고자 한다.

1. 동형동의 한자어의 정의

동형동의 한자어란, 동일한 한자 형태를 가지면서도 두 언어에서 유사한 의미를 지닌 단어를 의미한다. 예를 들어, '学校'(학교, 학교)와 '学校'(xuéxiào, 학교)라는 난어는 한국어와 중국어 모두에서 '학교'라는 의미를 지니고 있다.

2. 유사성

한국어와 중국어의 동형동의 한자어는 주로 교육, 과학, 기술, 문화 등 다양한 분야에서 발견된다. 예를 들어, '文化'(문화, 문화)와 '文化'(wénhuà, 문화)는 두 언어에서 모두 '문화'라는 의미를 지니며, 발음과 형태가 유사하다. 이러한 유사성은 두 언어가 한자를 공유하고 있다는 점에서 기인한다.

136

또한, 동형동의 한자어는 두 언어 간의 상호 이해를 돕는 역할
을 한다. 예를 들어, '经济'(경제, 경제)라는 단어는 한국어와 중국
어 모두에서 경제를 의미하며, 이는 두 언어 사용자 간의 의사소
통을 원활하게 한다.

3. 차이점

그러나 동형동의 한자어는 발음과 의미의 뉘앙스에서 차이를
보인다. 예를 들어, '自由'(자유, 자유)는 한국어에서 '자유'라는
의미로 사용되지만, 중국어에서는 '자유' 외에도 '자유롭다'는 형
용사적 의미를 포함하고 있다. 이러한 차이는 각 언어의 문화적
배경과 역사적 맥락에서 기인한다.

또한, 일부 한자어는 한국어와 중국어에서 의미가 다르게 사용
되기도 한다. 예를 들어, '情'(정, 감정)은 한국어에서 '정'이라는
긍정적인 감정을 나타내는 반면, 중국어에서는 '情'이 '감정'이라
는 중립적인 의미로 사용된다. 이러한 차이는 언어의 사용 맥락
에 따라 달라질 수 있다.

4. 문화적 맥락

한국어와 중국어의 동형동의 한자어는 각 언어의 문화적 맥락
에 따라 다르게 해석될 수 있다. 예를 들어, '礼'(예, 예의)는 한국
어에서 '예의'라는 긍정적인 의미로 사용되지만, 중국어에서는

'예의' 외에도 '의식'이나 '예절'이라는 의미로도 사용된다. 이러한 문화적 차이는 언어의 발전 과정에서 형성된 고유한 특성으로 볼 수 있다.

한국어 한자어와 중국어 동형동의 한자어는 형태와 의미에서 유사성을 지니고 있지만, 발음, 사용 맥락, 문화적 배경에 따라 차이를 보인다. 이러한 차이는 두 언어의 독특한 발전과정을 반영하며, 각 언어의 사용자들이 어떻게 세계를 인식하고 표현하는지를 보여준다. 따라서 한국어와 중국어의 동형동의 한자어를 비교하는 것은 단순한 언어적 연구를 넘어, 두 문화 간의 상호작용과 이해를 깊게 하는 데 기여할 수 있다.

이러한 비교 연구는 언어학적 측면뿐만 아니라, 문화적, 사회적 맥락에서도 중요한 의미를 지닌다. 예를 들어, 한국어와 중국어에서 동일한 한자어가 어떻게 다르게 사용되는지를 이해함으로써, 두 문화의 가치관, 사고방식, 그리고 사회적 규범을 더 잘 이해할 수 있다.

또한, 이러한 연구는 언어 교육에서도 중요한 역할을 할 수 있다. 한국어를 배우는 중국인 학생이나 중국어를 배우는 한국인 학생들에게 동형동의 한자어의 차이를 명확히 설명함으로써, 언어 학습의 효율성을 높이고, 문화적 오해를 줄이는 데 기여할 수 있다.

138

결론적으로, 한국어 한자어와 중국어 동형동의 한자어의 비교 연구는 언어적 유사성과 차이를 통해 두 문화의 깊은 이해를 촉진하며, 언어 교육 및 문화 교류에 있어 중요한 기초 자료가 될 것이다. 이러한 연구는 앞으로도 계속해서 발전해 나가야 하며, 다양한 분야에서의 응용 가능성을 탐구하는 것이 필요하다.

둘째, 한국어 한자어와 중국어 동형이의(同形異意) 한자어 비교

한자어는 한국어와 중국어 모두에서 중요한 어휘 구성 요소로 자리 잡고 있다. 두 언어는 역사적으로 깊은 관계를 맺고 있으며, 많은 한자어가 서로 공유되고 있다. 그러나 같은 한자어라도 두 언어에서 의미가 다르게 사용되는 경우가 많다. 이러한 현상을 동형이의(同形異意)라고 하며, 이는 두 언어의 문화적, 사회적 배경이 다르기 때문에 발생하는 현상이다. 본 논문에서는 한국어 한자어와 중국어 동형이의 한자어를 비교하여 그 특징과 예시를 살펴보겠다.

1. 동형이의의 개념

동형이의란 형태는 같지만 의미가 다른 단어를 의미한다. 한국어와 중국어에서 한자어는 형태가 동일하더라도 각 언어의 문화적 맥락에 따라 다른 의미를 가질 수 있다. 이러한 현상은 언어의 발전 과정에서 자연스럽게 발생하며, 두 언어의 차이를 이해하는 데 중요한 요소가 된다.

2. 한국어 한자어의 예시

한국어에서 사용되는 한자어 중 일부는 중국어와 동일한 형태를 가지고 있지만, 의미가 다르게 해석된다. 예를 들어, '사람'을 의미하는 한자 '人'은 한국어에서 '인'으로 읽히며, '인간'이나 '인물'과 같은 단어에서 사용된다. 그러나 중국어에서 '人'은 '인간'을 의미하는 동시에 '사람'이라는 의미로도 사용되지만, 문맥에 따라 다르게 해석될 수 있다.

또 다른 예로 '학'이라는 한자어가 있다. 한국어에서 '학'은 '학문'이나 '학자'와 같은 의미로 사용되지만, 중국어에서는 '学'이 '배우다'라는 동사로 주로 사용된다. 이처럼 한국어와 중국어에서 동일한 한자어가 서로 다른 의미로 사용되는 경우가 많다.

3. 중국어 동형이의 한자어의 예시

중국어에서도 동형이의 한자어가 존재한다. 예를 들어, '行'이라는 한자는 '행하다'라는 동사로 사용되지만, '행'이라는 의미로도 사용된다. 한국어에서 '행'은 '행동'이나 '행위'와 같은 의미로 사용되며, 두 언어에서의 의미 차이가 뚜렷하다.

또한 '光'이라는 한자는 한국어에서 '빛'을 의미하지만, 중국어에서는 '빛' 외에도 '영광'이나 '광채'와 같은 다양한 의미로 사용된다. 이러한 차이는 두 언어의 문화적 배경과 사용 맥락에 따라 다르게 나타난다.

4. 동형이의의 원인

동형이의 현상은 여러 가지 원인에 의해 발생한다. 첫째, 언어의 역사적 발전 과정에서 각 언어가 독립적으로 발전하면서 의미가 변화했기 때문이다. 둘째, 문화적 차이로 인해 특정 단어가 각 언어에서 다른 맥락으로 사용되기도 한다. 셋째, 사회적 변화와 함께 새로운 의미가 부여되면서 기존의 의미와 혼동을 일으킬 수 있다.

한국어 한자어와 중국어 동형이의 한자어의 비교를 통해 두 언어의 차이와 공통점을 이해할 수 있었다. 동형이의 한자어는 언어 간의 의미 차이를 드러내며, 이는 각 언어의 문화적, 역사적 배경을 반영한다. 이러한 비교 연구는 언어학적 관점에서뿐만 아니라, 두 나라의 문화와 사고 방식을 이해하는 데에도 중요한 역할을 한다.

앞으로도 한국어와 중국어 간의 한자어 비교 연구가 더욱 활발히 이루어져, 두 언어의 상호작용과 발전 과정을 심층적으로 탐구할 수 있기를 기대한다. 이를 통해 언어 간의 이해를 높이고, 서로 다른 문화 간의 소통을 원활하게 하는 데 기여할 수 있을 것이다.

또한, 동형이의 한자어의 연구는 언어 교육에서도 중요한 요소가 될 수 있다. 학생들이 이러한 차이를 인식하고 이해함으로써, 언어 학습의 효율성을 높이고, 나아가 두 문화에 대한 깊은 이해를 도모할 수 있을 것이다.

결론적으로, 한국어와 중국어의 동형이의 한자어 비교는 단순한 언어적 현상을 넘어, 두 문화 간의 연결고리를 찾고, 서로의 차이를 존중하며 이해하는 데 중요한 기초가 된다.

셋째, 한국어 한자어와 중국어 동의이형 한자어 비교

한자어는 한국어와 중국어 모두에서 중요한 어휘 구성 요소로 자리 잡고 있다. 두 언어는 역사적으로 깊은 연관성을 가지고 있으며, 많은 한자어가 서로 유사한 의미를 지니고 있다. 그러나 같은 한자어라도 두 언어에서의 빌음, 형태, 사용 방식이 다를 수 있다. 본 논문에서는 한국어 한자어와 중국어 동의이형(同意異形) 한자어를 비교하여 그 차이점과 공통점을 살펴보겠다.

1. 동의이형 한자어의 정의

동의이형 한자어란, 의미는 같지만 형태가 다른 한자어를 의미한다. 예를 들어, 한국어와 중국어에서 같은 의미를 지니지만, 사용하는 한자의 형태가 다른 경우를 말한다. 이러한 현상은 두 언어의 역사적 배경과 문화적 차이에서 기인한다.

142

한국어 한자어는 주로 고유어와 한자어가 혼합되어 사용된다. 예를 들어, '학교(學校)'라는 단어는 '학(學)'과 '교(校)'라는 두 한자로 구성되어 있다. 한국어에서는 한자어가 주로 명사, 동사, 형용사 등 다양한 품사로 사용되며, 고유어와의 결합을 통해 의미를 확장할 수 있다. 또한, 한국어 한자어는 발음이 한자 원음과 다르게 변형되는 경우가 많다.

중국어는 한자어가 기본적인 어휘 구성 요소로, 한자의 발음과 의미가 밀접하게 연결되어 있다. 중국어에서는 한자의 원형이 그대로 사용되며, 발음은 성조에 따라 달라진다. 예를 들어, '学校'는 'xuéxiào'로 발음되며, '학(學)'과 '교(校)'의 의미를 그대로 유지한다. 중국어는 한자어의 형태가 변하지 않기 때문에, 동의이형 한자어의 경우에도 발음과 형태가 다를 수 있다.

한국어와 중국어에서 동의이형 한자어의 대표적인 예로 '의사(醫師)'와 '医生'을 들 수 있다. 두 단어 모두 '의사'라는 직업을 의미하지만, 한국어는 '의사'라는 한자어를 사용하고, 중국어는 '医生'이라는 두 개의 한자로 구성된 단어를 사용한다. 이처럼 두 언어에서 같은 의미를 지니지만, 형태가 다른 경우가 많다.

또 다른 예로 '전화(電話)'와 '电话'가 있다. 두 단어 모두 '전화'라는 의미를 지니지만, 한국어는 '전화'라는 한자어를 사용하고, 중국어는 '电话'라는 두 개의 한자로 구성된 단어를 사용한다. 이러한 차이는 두 언어의 문화적 배경과 언어적 특성을 반영한다.

한국어 한자어와 중국어 동의이형 한자어의 비교를 통해, 두 언어의 역사적 연관성과 문화적 차이를 이해할 수 있다. 동의이형 한자어는 두 언어의 어휘적 다양성을 보여주며, 언어 간의 상호작용을 나타낸다. 이러한 연구는 한국어와 중국어의 언어적 특성을 이해하는 데 중요한 기초 자료가 될 것이다. 앞으로도 두 언어의 동의이형 한자어에 대한 연구가 지속되어야 하며, 이를 통해 두 언어의 발전과 변화 과정을 더욱 깊이 있게 탐구할 수 있을 것이다. 또한, 이러한 비교 연구는 언어학적 관점뿐만 아니라, 문화적, 사회적 맥락에서도 중요한 의미를 지닌다.

한국어와 중국어는 서로 다른 언어 체계를 가지고 있지만, 한자어를 통해 연결되어 있는 만큼, 두 언어의 상호작용을 이해하는 것은 언어학 연구에 있어 매우 중요한 과제이다. 앞으로의 연구에서는 더 많은 동의이형 한자어를 발굴하고, 그 사용 맥락과 변천사를 분석함으로써, 두 언어의 관계를 더욱 명확히 할 수 있을 것이다.

이와 같은 연구는 언어 교육에서도 활용될 수 있으며, 한국어를 배우는 중국어 사용자나 중국어를 배우는 한국어 사용자에게 서로의 언어를 이해하는 데 도움을 줄 수 있다. 따라서, 동의이형 한자어의 연구는 단순한 언어적 비교를 넘어, 두 문화 간의 이해와 소통을 증진시키는 중요한 역할을 할 것이다.

5장에서는 중국인 초급 학습자를 위한 한자어휘 교육 방법을 마련하기 위해 4장에서분석한 한자어와 중국어 어휘의 의미적 비교를 바탕으로 효과적인 초급어휘 교육 방안을 제시하였다. 본고에서는 발음을 이용한 어휘교육, 의미를 이용한 어휘교육, 표기를 이용한 어휘교육 방안을 제시하였다.

첫째, 중국인 한국어 초급 학습자를 위한 발음을 이용한 한국어 한자 어휘 교육

한국어는 한글과 한자로 구성된 언어로, 특히 한자는 한국어의 어휘에서 중요한 역할을 한다. 중국어를 모국어로 사용하는 학습자에게는 한자의 발음과 의미가 익숙하기 때문에, 이를 활용한 어휘 교육이 효과적일 수 있다. 본 논문에서는 중국인 한국어 초급 학습자를 대상으로 한자 발음을 이용한 한국어 어휘 교육의 필요성과 방법에 대해 논의하고자 한다.

한국어에서 한자는 주로 명사, 동사, 형용사 등 다양한 어휘의 기초를 형성하고 있다. 예를 들어, '학교(學校)', '학생(學生)', '사람(人)' 등은 모두 한자로 구성된 단어들이다. 이러한 단어들은 한국어의 기본적인 의사소통에 필수적이며, 한자의 의미를 이해하는 것은 한국어 학습에 큰 도움이 된다. 특히, 중국어를 모국어로 하는 학습자들은 한자의 발음과 의미를 이미 알고 있기 때문에, 이를 활용하여 한국어 어휘를 쉽게 습득할 수 있다.

☐ **발음을 이용한 교육 방법을 자세히 보면 다음과 같다.**

1. 한자와 발음의 연계

중국인 학습자에게 한자의 발음을 통해 한국어 단어를 가르치는 방법은 매우 효과적이다. 예를 들어, '학교(學校)'라는 단어는 '학(學)'과 '교(校)'로 나눌 수 있으며, 각각의 한자는 중국어에서도 유사한 발음을 가진다. 이러한 연계를 통해 학습자는 한자의 의미와 발음을 동시에 기억할 수 있다.

2. 시각적 자료 활용

한자와 그에 해당하는 한국어 단어를 시각적으로 제시하는 것도 효과적이다. 플래시카드나 포스터를 활용하여 한자, 발음, 의미를 함께 보여줌으로써 학습자는 시각적으로 정보를 쉽게 받아들일 수 있다. 예를 들어, '사람(人)'이라는 단이를 카드에 한자와 함께 적고, 그 아래에 한국어 발음을 적어두면 학습자는 자연스럽게 발음을 익힐 수 있다.

3. 반복 학습과 게임 요소 도입

반복 학습은 어휘 습득에 있어 중요한 요소이다. 학습자가 한자를 반복적으로 읽고 쓰는 연습을 통해 기억을 강화할 수 있다. 또한, 게임 요소를 도입하여 학습의 재미를 더할 수 있다. 예를 들어, 한자 퀴즈나 단어 맞추기 게임을 통해 학습자는 즐겁게 어휘

146

를 익힐 수 있다.

4. 결론

중국인 한국어 초급 학습자를 위한 발음을 이용한 한국어 한자 어휘 교육은 효과적인 방법이다. 한자의 발음과 의미를 연계하여 학습함으로써, 학습자는 한국어 어휘를 보다 쉽게 습득할 수 있다. 또한, 시각적 자료와 게임 요소를 활용한 교육 방법은 학습의 흥미를 높이고, 반복 학습을 통해 기억을 강화하는 데 도움을 줄 것이다. 앞으로 이러한 방법들이 한국어 교육 현장에서 널리 활용되기를 기대한다.

둘째, 의미를 이용한 한국어 한자 어휘 교육: 중국인 한국어 초급 학습자를 위한 접근법

한국어는 한자어가 많은 언어로, 특히 중국어를 모국어로 사용하는 학습자에게는 한자의 의미를 이해하는 것이 한국어 어휘 습득에 큰 도움이 된다. 본 논문에서는 중국인 한국어 초급 학습자를 대상으로 한자 어휘 교육의 중요성과 효과적인 교수법을 제안하고자 한다.

□ **한자 어휘의 중요성**

한국어의 약 60%는 한자어로 구성되어 있으며, 이는 한국어의 어휘력을 확장하는 데 중요한 역할을 한다. 한자어는 그 자체로 의미를 지니고 있어, 학습자가 한자의 의미를 이해하면 새로운 단어를 쉽게 추론할 수 있다. 예를 들어, '학생(學生)'이라는 단어는 '학(學)'과 '생(生)'으로 나뉘어 있으며, 각각 '배우다'와 '태어나다'라는 의미를 가진다. 이러한 구조적 이해는 학습자가 단어를 기억하고 활용하는 데 큰 도움이 된다.

□ 한자 어휘 교육의 접근법

1. 한자의 의미와 구조 이해

중국인 학습자에게 한자의 의미를 설명할 때, 한자의 구성 요소인 부수와 음을 활용하는 것이 효과적이다. 예를 들어, '물(水)'과 관련된 한자들은 대개 물과 관련된 의미를 지닌다. '강(江)', '호(湖)', '수(水)' 등은 모두 물과 관련된 개념을 나타내므로, 이러한 연관성을 통해 학습자는 한자의 의미를 쉽게 기억할 수 있다.

2. 시각적 자료 활용

한자 어휘 교육에서 시각적 자료는 매우 중요한 역할을 한다. 그림, 플래시카드, 차트 등을 활용하여 한자의 의미를 시각적으로 전달하면 학습자의 이해도를 높일 수 있다. 예를 들어, '나무(木)'와 관련된 한자어를 가르칠 때, 나무의 이미지를 함께 제시하면 학습자는 단어와 그 의미를 더 잘 연결할 수 있다.

3. 맥락 속에서의 학습

한자어를 단순히 암기하는 것이 아니라, 문맥 속에서 학습하는 것이 중요하다. 예를 들어, '의사(醫師)'라는 단어를 가르칠 때, '의사'가 하는 일이나 관련된 상황을 설명하면 학습자는 단어의 의미를 더 잘 이해할 수 있다. 또한, 예문을 통해 실제 사용 사례를 제시하면 학습자는 단어의 활용 방법을 자연스럽게 익힐 수 있다.

4. 반복 학습과 복습

한자어는 반복 학습을 통해 기억에 남기기 쉬운 특성이 있다. 따라서 정기적인 복습 시간을 마련하여 학습자가 이전에 배운 한자어를 다시 확인하고 연습할 수 있도록 해야 한다. 퀴즈, 게임, 그룹 활동 등을 통해 학습자는 재미있게 복습할 수 있으며, 이는 학습 효과를 극대화하는 데 기여한다.

5. 결론

중국인 한국어 초급 학습자를 위한 한자 어휘 교육은 그들의 한국어 능력을 향상시키는 데 중요한 요소이다. 한자의 의미와 구조를 이해하고, 시각적 자료와 맥락 속에서 학습하며, 반복 학습을 통해 어휘력을 강화하는 접근법은 효과적이다. 이러한 방법들을 통해 학습자는 한국어를 보다 쉽게 습득하고, 나아가 한국문화와 사회에 대한 이해도를 높일 수 있다.

한국어 한자어는 한국어의 중요한 부분을 차지하고 있으며, 많은 단어들이 한자에서 유래되었기 때문에 한자의 의미를 이해하는 것은 한국어 학습에 큰 도움이 된다. 예를 들어, '학교(學校)'라는 단어는 '학(學)'과 '교(校)'라는 두 한자로 구성되어 있으며, 각각 '배우다'와 '학교'를 의미한다. 이러한 구조적 이해는 학습자가 새로운 단어를 접할 때 그 의미를 추론하는 데 도움을 줄 수 있다.

또한, 한국어를 배우는 과정에서 한자어의 사용 빈도와 중요성을 강조하는 것도 필요하다. 일상 대화, 뉴스, 문학 작품 등 다양한 매체에서 한자어가 어떻게 사용되는지를 보여주면, 학습자는 언어의 실제 사용을 통해 더 깊이 있는 이해를 할 수 있다.

마지막으로, 학습자들이 한국어를 배우는 과정에서 겪는 어려움과 도전 과제를 이해하고, 그에 맞는 맞춤형 교육 방법을 제공하는 것이 중요하다. 각 학습자의 배경, 학습 스타일, 목표에 따라 다양한 접근 방식을 적용함으로써, 보다 효과적인 학습 환경을 조성할 수 있다.

결론적으로, 중국인 한국어 초급 학습자를 위한 한자 어휘 교육은 단순한 단어 암기를 넘어, 의미와 맥락, 반복 학습을 통해 한국어 능력을 향상시키는 데 기여할 수 있다. 이러한 교육 방법을 통해 학습자는 한국어를 보다 자신감 있게 사용할 수 있게 되며, 한국 문화와 사회에 대한 이해도 깊어질 것이다.

셋째, 중국인 한국어 초급 학습자를 위한 표기를 이용한 한국어 한자 어휘 교육

한국어는 한글과 한자를 함께 사용하는 언어로, 특히 한자는 한국어 어휘의 중요한 부분을 차지하고 있다. 중국인 학습자에게 한국어를 가르칠 때, 한자의 이해는 필수적이다. 본 논문에서는 중국인 한국어 초급 학습자를 대상으로 한자 어휘 교육의 필요성과 효과적인 교수 방법에 대해 논의하고자 한다.

한국어에서 한자는 주로 명사와 동사에 사용되며, 많은 단어가 한자어로 구성되어 있다. 예를 들어, '학교(學校)', '학생(學生)', '사람(人)' 등은 모두 한자에서 유래한 단어들이다. 이러한 한자어는 한국어의 의미를 깊이 이해하는 데 도움을 줄 뿐만 아니라, 학습자가 새로운 어휘를 습득하는 데도 유리하다. 특히, 중국어를 모국어로 사용하는 학습자에게는 한자의 형태와 의미가 친숙하기 때문에, 이를 활용한 교육이 효과적일 수 있다.

표기를 이용한 한자 어휘 교육 방법을 보면 자세히 보면 다음과 같다.

1. 한자와 한글의 병행 표기

중국인 학습자에게 한자 어휘를 가르칠 때, 한자와 한글을 병행하여 표기하는 방법이 효과적이다. 예를 들어, '학교(學校)'라는 단어를 가르칠 때, 한자 '學'과 '校'를 함께 제시하고, 각 한자의 의미를 설명한다. 이렇게 하면 학습자는 한자의 의미를 이해하고, 동시에 한국어 발음과 연결 지을 수 있다.

2. 시각적 자료 활용

한자 어휘 교육에 시각적 자료를 활용하는 것도 좋은 방법이다. 플래시카드, 그림, 동영상 등을 통해 한자의 형태와 의미를 시각적으로 전달하면 학습자의 기억에 더 잘 남는다. 예를 들어, '물(水)'이라는 한자를 가르칠 때, 물의 이미지를 함께 보여주면 학습자가 한자의 의미를 쉽게 이해할 수 있다.

3. 맥락 속에서의 학습

한자 어휘는 맥락 속에서 학습하는 것이 중요하다. 예를 들어, '의사(醫師)'라는 단어를 가르칠 때, 의사의 역할이나 관련된 상황을 설명하면서 학습하면, 단어의 의미를 더 잘 이해할 수 있다. 또한, 문장 속에서 한자어를 사용하여 예문을 만들고, 이를 통해 자연스럽게 어휘를 익히도록 유도하는 것이 효과적이다.

4. 반복 학습과 퀴즈

한자 어휘는 반복 학습을 통해 기억에 남기기 쉽다. 정기적으로 복습할 수 있는 퀴즈나 게임을 통해 학습자는 재미있게 한자 어휘를 익힐 수 있다. 예를 들어, 한자와 그 의미를 맞추는 게임이나, 한자를 보고 한국어 단어를 말하는 퀴즈를 통해 학습의 흥미를 높일 수 있다.

5. 결론

중국인 한국어 초급 학습자를 위한 한자 어휘 교육은 그들의 언어 습득에 있어 중요한 요소이다. 한자와 한글의 병행 표기, 시각적 자료 활용, 맥락 속에서의 학습, 반복 학습과 퀴즈 등의 방법을 통해 효과적으로 한자 어휘를 가르칠 수 있다. 이러한 접근은 학습자의 이해도를 높이고, 한국어에 대한 흥미를 증진시키며, 궁극적으로는 언어 능력을 향상시키는 데 기여할 것이다.

한자 어휘 교육은 단순히 단어를 암기하는 것을 넘어, 언어의 깊은 이해와 문화적 배경을 함께 배우는 기회를 제공한다. 따라서, 교사는 학습자의 수준과 필요에 맞춘 다양한 교수법을 적용하여, 한자 어휘 학습이 보다 효과적이고 즐거운 경험이 될 수 있도록 해야 한다.

또한, 학습자 스스로도 적극적으로 학습에 참여하고, 다양한 자료를 활용하여 자율적으로 학습할 수 있는 환경을 조성하는 것이 중요하다. 이를 통해 중국인 한국어 초급 학습자는 한자 어휘를 보다 쉽게 익히고, 한국어 실력을 한층 더 발전시킬 수 있을 것이다.

결론적으로, 한자 어휘 교육은 중국인 한국어 초급 학습자에게 필수적인 요소이며, 다양한 교수법과 학습 방법을 통해 효과적으로 진행될 수 있다. 이러한 교육이 이루어질 때, 학습자는 한국어를 보다 자신감 있게 사용할 수 있게 될 것이다.

본고에서 제시한 중국 학습자를 위한 한자어 교육에 대한 모색은 중국 학습자를 위한 한국어 어휘 교육의 체계화와 내실화를 담보할 수 없지만 본고에서 한자어와 중국어 의미적 비교를 구체적으로 제시하였다. 다른 언어권에 비해 중국어 어휘는 한국어 어휘와 많은 유사한 특성을 지니고 있다. 따라서 이러한 유사성에 기인한 다양한 어휘 확장 전략을 사용한다면 중국인 초급 한국어 학습자의 한국어 어휘 학습에 일정한 효과를 발휘할 수 있을 것이라고 생각한다.

참고문헌

1. 辭典

高麗大學校(2004), 『韓中辭典』, 고려대 민족문화 연구원.

高麗大學校(2002~2004), 『中韓辭典』, 고려대 민족문화 연구원.

국립국어연구원(1999), 『표준국어대사잔』, 두산 동아.

羅竹風(1994), 『漢語大辭典』, 漢語大辭典出版社.

中國社會科學院語言研究所辭典編輯室編(2005), 『現代漢語詞典』, 商務 印書館.

2. 論著

강범모 · 김흥규(2009), 『한국어사용빈도: 1500만 어절 세종형태 의 미 분석 말뭉치 기반』, 한국문화사.

강현진(2014), 「과제의 인지적 복잡성이 한국어 학술인지 기본어휘 습득에 미치는 영향」, 이화여자대학교 석사학위논문.

강현화(2001), 「한국어교육용 기초 한자어에 대한 기초 연구: 한국어 교재에 나타 난어휘를 바탕으로」, 『한국어교육』12(2), 국제한 국어교육학회.

강현화 · 김창구(2001), 「어휘력신장을 위한 기본 한자의 조어력 조 사: 한국어 회화 교재에 나타난 한자어를 대상으로」, 『외국어 로서의 한국어 교육』25~26, 연 세대학교 한국어 학당.

康惠根(1995), 「韓 · 中共用漢字詞중의 異議語연구」, 『中國人文科學』14, 중국인문학회.

고　뢰(2004),「한·중 실용 한자어의 비교 연구」, 충남대학교 석사학위논문.

고　정(2009),「한·중 상용 한자어비교 연구」, 대구대학교 석사학위논문.

곽　상(2006),「중국인 학습자를 위한 한중 동현한자어 의미 기술과 지도방안」, 서울대학교 석사학위논문.

곽　상(2006),「중국인 학습자를 위한한·중동형 한자어의 의미 기술과 지도 방안 연구」, 서울대학교 석사학위논문.

곽지영 외(2007),『한국어 교수법의 실제』, 연세대학교 출판부.

권재일(1986),「의존 동사의 문법적 성격」,『한글』194, 한글학회.

靳葆强(2014),「중국인 학습자 한국어 한자어 습득 연구」,『어문연구』40(2), 한국어문교육연구회.

김건희(2001),「VP shells와 '한자어명사+하다'에 대하여」,『언어연구』21, 서울 대학교 언어연구회.

김광해(1989),『고유어와한자어의대응 현상』, 서울: 탑출판사.

김규철(1997),「漢字語 單語形成에 대하여」,『國語學』제29집, 국어학회.

김동호(2014),「한국 한자어와 현대 중국어어휘 비교 연구 : 동형이의어·이형동의 어를 중심으로」, 한서대학교 석사학위논문.

김문창(1987),『국어문자표기론』, 서울: 文學世界社.

김미숙(1999),「수준별 어휘 지도 방안 연구」, 한국교원대학교 석사학위논문.

김미승(2016),「문제중심학습을 활용한 창의적 탐구성 함양과 독일어 문법교육의 융합」,『독어교육』제65집, 한국독어독문학교육학회.

김미옥(2003),「한국어 학습자의 단계별 언어권별 어휘 오류의 통계적 분석」,『이중언어학』1(32), 이중언어학회.

김미정(2004), 「중국인을 위한 한국 한자어 학습 사전 개발의 기초 연구」, 경기대학교 석사학위논문.

김성중(2013), 「한국어교육에서의 한자어휘 교육을 위한 성취기준 개발」, 『漢字漢文教育』1(32), 한국한자한문교육학회.

김수희(2005), 「중국인 초급 한국어 학습자를 위한 어휘 교육 연구」, 경희대학교 석사학위 논문.

김신애(1999), 「中國語作文時發生하는 語彙選定上의 誤謬研究: 韓·中 同形漢字詞 를 中心으로」, 이화여자대학교 석사학위논문.

김영기(1991), 「외국어로서의 한국어 교육」, 『교육한글』4, 한글학회.

김영만(2005), 『한국어 교육의 이론과 실제』, 역락.

김정남(2005), 「韓國語教育에서 漢字教育의 위상과 방향」, 『어문연구』33(3), 한국어문교육연구회.

김중섭(1997), 「外國人을 위한 韓國語 漢字教育研究」, 『한국어교육』제12권 1호. 국제한국어교육학회.

김현경(2003), 「한자문화권 한자어를 위한 한자 어휘 지도 방안」, 외국어대교육 석사학위논문.

김홍진(2007), 「현대 한중 한자어의 동형이의어, 이형동의어 비교 연구」, 연세대학교 석사학위논문.

呂兆格(2003), 『对外汉语教学中的能愿动词偏误分析』, 天津师范大学 硕士论文.

마 나(2013), 「한중 동형어 교육 방안 연구」, 청주대학교 석사학위논문.

문금현(2003), 「한국어 어휘 교육을 위한 한자어 학습방안」, 『이중언어학』제23호, 이중언어학회.

문연희(2007), 「한·중 한자어 의미 대비 연구」, 성규관대학교 석사학위논문.

민영란(2003), 「한중 동형 한자어의 의미 대조 연구」, 경북대학교 석
　　　사학위논문.
민영란(2007), 「중국어권 학습자의 한자어 어휘 오류 분석과 교육방
　　　안, 모국어 영향에 의한 오류를 중심으로」, 『외국어로서의 한
　　　국어교육』 제32집.
박덕유(2009), 『학교 문법론의이해』, 역락.
박덕유(2013), 『한국어 문법의이론과 실제』, 박문사.
박성심(2009), 「여성결혼이민자 한국어 교육을 위한 어휘 등급화 연
　　　구」, 계명대학교 석사학위논문.
박성은(2008), 「중급 단계 중국인 한국어 학습자의 한자 어휘 학습
　　　전략 연구」, 이화여자대학교 석사학위논문.
박영섭(1995), 『國語漢字語彙論』, 도서출판 박이정.
박영순(2008), 『한국어 담화텍스트론』, 한국문화사.
박영순 외(2008), 『한국어와 한국어교육』, 한국문화사.
박은혜(2012), 「연상을 활용한 한국어 어휘 의미 교육 방안」, 인하대
　　　학교 박사학위논문 .
박이정 · 정희다(2001), 『담화와 문법』, 한신문화사.
박정아(2012), 「PPP 수업 모형과 ESA 수업 모형의 효과 비교-영어
　　　듣기 말하기 능력 신장과 정의적 측면」, 서울교육대학교 석
　　　사학위논문.
박정은(2007), 「외국어로서의 한국어 접두 파생어 연구 : 한자어 부
　　　정 접두 사 '無 未 不 非'를 중심으로」, 경희대학교 석사학위논
　　　문 .
박종훈(2001), 「지식 중심의 국어 교육 내용 범주 설명 시론」, 『국어
　　　교육』117, 한국어교육학회, 469-491쪽.
박지인(2008), 「한국 한자어를 통한 기초 중국어 어휘 교육 연구」, 인

하대학교 석사학위논문.

반굉위(2016), 「중국인 학습자를 위한 한국 한자어 교육 연구: 한 중 한자어 동형이의어 비교 분석을 중심으로」, 건양대학교 석사 학위논문.

방성원(2003), 「고급 교재의 문법 내용 구성 방안」, 국제한국어교육 학회, 『한국어교육』14.2, 국제한국어교육학회.

白　林·崔　健(1991), 『漢朝語對比和常見偏誤分析』, 태학출판사.

범금구(2017), 「중국 내 한국어 중급 학습자를 위한 한자어 교육 방 안 연구: 동현이의어를 중심으로」, 부산외국어대학교 석사학 위논문.

범기혜(2002), 「한중 동형인 한자어의 비교」, 전남대학교 석사학위 논문.

범문초(2012), 「한중 한자어 대비 연구」, 청주대학교 석사학위논문.

범신성(2011), 「중국인 한국어 학습자의 어휘 사용 실태 및 어휘 교 육 방안 연구: 한자어를 중심으로」, 계명대학교 석사학위논문.

范晓(1996), 『三个平面的语言观』, 北京语言文化大学出版社.

설지혜(2007), 「현대 한중 동형이의어 비교 연구」, 원광대학교 석사 학학논문.

설혜경(2010), 「비한자문화권 학습자를 위한 교육용 한자어 연구」, 배재대학교 석사학위논문.

성광수(2001), 『국어의 단어형성과 의미해석』, 서울:월인.

성태제(1998), 『교육연구방법의 이해』, 서울: 학지사

成煥甲(1987), 「固有語의 漢字語化 過程」, 『국어생활』8호.

손연자(1984), 「비한문 문화권의 외국인에 대한 한자교육 방법론 소 고」, 『말』9-1, 연세대학교 한국어학당.

손용주(1999), 『국어어휘론 연구방법』, 대구: 문창사.

손은미(2010), 「결혼이주여성을 위한 초급 한국어 교재 개발연구」, 대구가톨릭대학교 석사학위논문.

송 민(1985), 「派生語형성 依存形態素 '-的'의 始原」, 『어문논집』 24-1, 안암어문학회.

송병렬(2006), 「韓國의 漢文科 敎育課程 問題와 解決의 方向」, 『漢文敎 育硏究』第21號, 한국한문교육학회.

宋和硏(2007), 「韓·中 한자어의 의미·형태·용법 대조」, 『中國言語 硏究』第24輯, 한국중국언어학회.

신기상(2005), 『현태 국어 한자어』, 태학사.

신은경(2005), 「한국어 어휘 교재 개발 방안 연구: 유형별 어휘 중심 으로」, 부산외국어대학교 석사학위논문.

申昌淳(1969), 「漢字語 小攷」, 『국어국문학』 42·43합병호, 국어국문 학회.

신호철(2010), 「국어과 문법 영역의 연계성 연구」, 고려대학교 박사 학위논문.

심재기(1999), 『문화와 말 나듬기』, 대학사.

沈在箕(1982), 『國語語彙論』, 서울:集文堂.

심혜령(2007), 「한국어 교육용 기초 한자어 명사의 공기 관계 연구」, 연세대학교 박사학위논문.

안경화(2007), 『한국어 교육의 연구』, 한국문화사, 태학출판사.

안재경(2012), 「한국어 어휘 능력 향상을 위한 연어 교육 연구-영어 권 학습자를 대상으로」, 서울대학교 석사학위논문.

안희은(2009), 「언어인식 능력 신장을 위한 지역 방언 교육 방안 연 구」, 서강대학교 석사학위논문.

양상영(2019), 「발견학습에 기반한 상용형태소 활용 고등학교 〈중국 어 1〉 어휘 지도방안 연구」, 이화여자대학교 석사학위논문.

양영희·서상준(2009),「한국어 교육에서의 국어학적 지식 역할」,『우리말 글』46, 우리말글학회.

양윤정(2005),「어휘장 이론을 바탕으로 한 한국어 어휘 교재 구성 방안」, 부산외국어대학교 석사학위논문.

오미남(2002),「비한자권 외국인을 위한 한자교육」, 국제한국어교육학회.

오성아(2015),「중국인 초급 한국어 학습자를 위한 한자어 교육방안 연구」,『언어학연구』35, 한국중원언어학회.

오수진(2005),「비한자권 한국어 학습자의 한자어 교육 연구」, 경희대학교 석사학위논문.

오은희(2008),「한국어 학습자의 어휘추측전략 분석 연구: 한자권 비한자권 중고급 학습자를 대상으로」, 연세대학교 석사학위논문.

왕 군(2013),「중국식 한자어 발음을 이용한 2음절 동형동의어 교육 방안 연구」, 경희대학교 석사학위논문.

왕 기(2010),「한·중 한자 형태소의 다의성 대비 연구」, 충남대학교 석사학위논문.

왕배배(2011),「한 중 동형이의의 한자어 대조 연구: 한국 각 한 국어 교육기관 교재를 중심으로」, 한양대학교 석사학위논문.

왕 위(2010),「중국대학교의 초급 한국어 교재 문법 항목의 분석: 조사 분석을 중심으로」, 중앙대학교 석사학위논문.

왕천기(2016),「중국인 한국어 학습자를 위한 한자어 교육 방안 연구: 오류분석을 중심으로」, 국민대학교 석사학위논문.

왕페이(2017),「한 중 동형이의 한자어 교육 방안 연구: 중국인 학습자를 대상으로」, 충북대학교 석사학위논문

옹 빈(2012),「중국인 학습자를 위한 한자 어휘의 교육 방안에 관한

연구」, 중앙대학교 석사학위논문.

유 군(2010), 「중국인 한국어 학습자를 위한 한자음 교육 연구: 상
      용 한자의 한 중 한자음 비교를 중심으로」, 경희대학교 석사
      학위논문.

유미상(2008). 「중·고급 한국어 학습자의 어휘 학습을 위한 한자어
      접사 및 파생어 선정에 관한 연구」. 연세대학교 석사학위논문.

유서천(2011), 「중국인 학습자를 위한 한국 한자어 어휘 학습 전략의
      연구: 한 중 한자어 의미 대조를 중심으로」, 서울시립대학교
      석사학위논문.

柳楊(2009), 「중국어권 학습자를 위한 한국어 한자 어휘 교육 방안:
      중급 교재의 한자 어휘를 중심으로」, 부산외국어대학교 석사
      학위논문.

유추문(2011), 「한국어 학습자를 위한 유의어 교육 연구」, 숙명여자
      대학교 석사학위논문.

유해준(2007), 「학문 목적 한국어 교육을 위한 기본 어휘 선정에 관
      한 연구」, 고려대학교 석사학위논문.

유형선(2000), 「국어 중급 중국인 학습자의 어휘 습득에 관한 연구」,
      서울대학교 석사학위논문.

윤우진(2001), 「한·중 실용 한자 어휘 비교 연구」, 경희대학교 석사
      학위논문.

윤지훈(2008), 「외국어로서 한국어 어휘 지도 방안: 관용표현 중심으
      로」, 단국대학교 석사학위논문.

이관식(2008), 「중국인 유학생의 특성과 한국어 학습 실태 조사: 광
      주지역 학문 목적 학습자를 중심으로」, 한국어문교육연구소
      석사학위논문.

이민경(2008), 「읽기 텍스트 상의 한자 병기가 중국인 한국어 학습자

의 우연적 한자어학습에 미치는 영향」, 이화여자대학교 석사
학위논문.

이박문 · 박덕유(2021), 「중국인 학습자를 위한 초급 한자어 분석 및
교수 · 학습 모형 연구」, 『교육문화연구』27.2, 인하대학교 교
육연구소.

이병운(2019), 「[h] 초성을 가진 현대한국어 한자음 음절과 현대중국
어 음절의 대응관계 연구」, 『우리말연구』56, 우리말학회.

이수현(2005), 「한국어 교육을 위한 기본어휘 선정에 관한 연구」, 이
화여자대학교 석사학위논문.

이영희(2008), 「외국인을 위한 한자어 교육 연구」, 숙명여자대학교
박사학위논문.

이옥환(2010), 「한국어와 중국어의 양태 표현 대조연구」, 한양대학
교 석사학위논문.

이용주(1974), 『한국한자어에 관한 연구』, 삼영출판사.

이우승(2007), 「외국어로서의 한국어를 위한 어휘 교육방안」, 동국
대학교 석사학위논문.

이유미(2004), 「의사소통 구조의 화용적 연구」, 『한국어 의미학』15,
한국어의미학회.

이윤지(2007), 「한국어 교육 자료에서의 문법항목 표시 방법연구」, 『한
국어교육』18-3, 국제한국어교육학회.

이윤진 · 노지니(2003), 「한국어교육에서의 양태표현 연구」, 『한국
어교육』14-1, 국제한국어교육학회.

이재욱 (2001), 「외국인을 위한 한국어 어휘교육방법 연구: 어휘정보
처리 를 중심으로 」, 고려대학교 석사학위논문.

이정란(2011), 「한국어 학습자의 양태 표현 습득에 나타난 문법 능력
과화용 능력의발달 관계 연구」, 이화여자대학교 박사학위논문.

이정숙(2009), 「한・중 동형한자어 대조 분석을 통한 지도 방안 연구」, 원광대학교 석사학위논문.

이정희(2002), 「한국어 오류 판정과 분류 방법에 관한 연구」, 『한국어 교육』 13-1.

이정희(2003), 「초급 단계 학습자의 어휘 오류」, 『이중 언어학』 제22호, 이중언어학회.

이주행(2011), 『알기쉬운 한국어 문법론』, 역락.

이지평 (2010), 「한국 한자어와 중국 현대한어 어휘의 대비 연구: 2음절한 자어를 중심으로」, 동국대학교 석사학위논문.

이진정(2013), 「한국한자 音訓을 이용한 한국어어휘 학습법 연구」, 『개신어문연구』 38, 개신어문학회.

이해련(2017), 「유도적 발견학습 활동이 EFL 학습자의 토익 문법 및 어휘 학습에 미치는 영향」, 『언어학 연구』 43, 한국중원언어학회.

이해영(1998), 「문법교수의원리와실제 , 『이중언어학』 15, 이중언어학회.

이현진(2007), 「규범적 국어 인식 능력 교육 연구」, 서울대학교 석사학위논문.

이효신(2009), 「중국인 학습자의 한국어 어휘 학습 전략 연구」, 영남대학교 석사학위논문.

임지룡(2005), 『인지 의미론』, 탑출판사.

임지아(2006), 「한국어 교육용 어휘에 관한 연구」, 동아대학교 석사학위논문,

장미라(2008), 「문자 구조 중심의 한국어 교육연구」, 경희대학교 박사학위논문.

장미선(2008), 「한국어 어휘 학습을 위한 게임 활용 방안 연구」, 부산

외국어대학교 석사학위논문.

장상호(1997), 『학문과 교육: 학문이란 무엇인가』, 서울대학교출판사.

장은미(2010), 「문맥을 활용한 한국어 어휘 교육의 효과 연구」, 서울여대 대학원 석사학위논문.

장익(2007), 「중국 학습자를 위한 한자어 교육에 대한 연구」, 신라대학교 석사논문.

將周和(2005), 「한 · 중 이형동의 한자어의 비교 연구」, 중앙대학교 석사학위논문.

장혜진(2008), 「어휘 설명 시 한국어 교사의 메타언어 분석: 심리어휘 및 개념어휘의 설명을 중심으로」, 연세대학교 석사학위논문.

장혜진(2011), 「한 · 중 2음절 동형 한자어 품사 대조 연구-한국어 학습용 어휘 목록을 중심으로」, 경희대학교, 석사학위논문.

전미연(2008), 「중국어권 학습자를 위한 한자어 교수 · 학습방안: (한국어 학습용 어휘 선정 결과 보고서)의 명사어휘를 중심으로」, 서울여자대학교 석사학위논문.

정민주(2008), 「형성 화법의 교육 내용 연구」, 서울대학교 박사학위논문.

정서영(2008), 「고급 단계 중국인 한국어 학습자의 한자어 어휘 교수-학습 전략 연구」, 상명대학교 석사학위논문.

丁声树(1999), 『现代汉语语法讲话』, 北京商务印书馆.

정숙향(2007), 「오류 분석을 통한 연어 교수 연구: 중국인 학습자를 중심으로」, 이화여자대학교, 석사학위논문.

정승혜(1998), 「外國人을 위한 國語 漢字 敎育 硏究」, 이화여자대학교 석사학위논문.

정연창(2000), 『담화기능론』, 한국문화사.

정은혜(1998), 「한중 한자어의 이질화 연구 의미와 형태를 중심으로」, 이화여자대학교 석사학위논문.

정혜승(2007), 『국어과 교육과정 실행연구』,

정희정(2004), 「한국어 문법 교육의 목표 설정을 위한 제안」, 『문법 교육』1, 한국문법교육학회.

조남호 외(2003), 『한국어 학습용 어휘 선정 결과 보고서』, 국립국어 연구원.

조일영(1995), 「국어 양태소의 의미 기능연구」, 고려대학교 박사학 위논문.

조철현(2002), 『한국어 학습자의 오류 유형 조사 연구』, 문화관광부.

조현용(2000), 『어휘 중심 한국어 교육방법 연구』, 박이정 .

조현용(2000), 『한국어 어휘교육 연구』, 박이정 .

朱德熙(1982), 『语法讲义』, 北京商务印书馆.

주문현(2011), 「중국인 학습자의 한중 동형이의 한자어 학습전략 사 용연구」, 이화여자대학교 석사학위논문.

지서원(2004), 「한국어 학습자의 어휘 오류 분석 연구: 일본어·중국 어 화자를 중심으로」, 경희대학교 석사학위논문.

崔金丹(2001), 『현태 중국어와 한국 한자어의 대비 연구』, 한신대학 교 출판부.

최윤곤(2004), 「한국어교육을위한구문표현 연구」, 동국대학교 박사 학위논문.

최윤곤(2013), 『한국어 문장입문』, 박이정.

최혜령(2008), 「중국인 한국어 학습자의 오류에 대한 연구: 어휘 오 류를 중심으로」, 영남대학교, 석사학위논문.

최호철(1993), 「현대 국어 서술어의 의미 연구」, 고려대학교 박사학 위논문.

탕화봉(2009), 「한중 한자어의 동형이의어 비교 연구」, 전남대학교 석사학위논문.

한상미(2005), 「한국어 학습자의 의사소통문제 연구」, 연세대학교 박사학위논문.

한재영외(2005), 『한국어 교수법』, 태학사.

한정일(2000), 「한국어 어휘 교육 방안: 의미 관계를 중심으로」, 이화여대대학교 석사학위논문.

한지현(2009), 「중국어권 학습자를 위한 동형이의어 분석과 지도 방안 연구」, 순천대학교 석사학위논문.

허용(1983), 『20세기우리말의 형태론』, 샘문화사.

홍사만(2009), 『한국어와외국어 대조 분석론』, 연락.

후문옥(2003), 「중국인을 대상으로 한 한국어 어휘 교육」, 연세대학교 석사학위논문.

Abstract

The modern world is leaving in the great wave of globalization. In this trend, China and Korea continue to increase exchanges and cooperation in various fields such as politics, economy and culture. Therefore, learning Korean is becoming an increasingly hot trend in China. Language is a tool for communicating human thoughts, and vocabulary is the basic element of language. Against this background, Chinese character vocabulary education in Korean is becoming a very important part for Chinese Korean learners. Chinese characters occupy a significant proportion in the Korean vocabulary system and have a great impact on learners' Korean comprehension and expression, so research on them is essential.

The classification of Korean vocabulary can be divided as follows according to etymological standards.

Native words: A vocabulary unique to Korean, not Chinese characters or foreign words. Typical examples include "eating", "sleeping" and "singing".

Chinese characters: Refers to vocabulary imported from Chinese. It is widely used in Korean. Typical examples include "school", "family" and "birthday".

Foreign words(外来語): Refers to vocabulary imported from languages other than Korean. There are vocabulary imported from various languages such as English, Japanese, and French. Typical examples include "computer", "internet" and "shot".

Among them, there is a special element called Chinese characters in Korean vocabulary, which plays a very important role in learning Korean. Approximately more than half of the modern Korean vocabulary consists of Chinese characters, which play a particularly important role in expressing abstract concepts and complex ideas.

Chinese characters have a special meaning for Chinese Korean learners. On the one hand, the pronunciation and form of Chinese characters are similar to Chinese, so they are relatively easy for learners to remember and understand. However, on the other hand, due to differences in history, culture, and language structure, the meaning, speech, and usage of Chinese characters are very different from Chinese, which may cause confusion and errors in the actual use process by learners. In other words, one of the reasons why Chinese learners can learn Korean more easily than learners from other language areas when they first learn Korean is that more than half of the Korean vocabulary consists of Chinese characters. In other words, there are many Chinese character vocabulary in Korean. Over time, the form of Chinese characters used in Korea and China has changed, and the meaning of Chinese characters and Chinese vocabulary has also changed. Therefore, the fact that they are in the same Korean culture has some advantages and disadvantages for Chinese speakers learning Korean.

Research on Korean Chinese character vocabulary education for Chinese Korean learners is an essential task to improve the efficiency and quality of Korean language learning, which can also play an important role in promoting cultural exchanges and cooperation between China and Korea. Recently, with the rapid increase in exchanges between China and Korea, research on Korean language education for Chinese Korean learners is receiving more and more attention. Among them, Chinese character education is considered an important part of Korean language education. Scholars at home and abroad are studying Chinese characters from various angles, and these research results are of great help to Korean language education.

In Korea, many scholars systematically organize and analyze Chinese characters through the contrast between Chinese and

Korean. They pay attention to the actual use of Chinese characters in Korean, and are also deeply exploring the quantitative transfer use and side effects of Chinese characters on Chinese learning. In addition, various Chinese character teaching methodologies are presented, and these methodologies are becoming useful reference materials that can be applied to actual educational sites.

Meanwhile, in Korea, research on Chinese characters is also achieving abundant results. They focus on the historical development and cultural content of Chinese characters, and explore ways to apply these research results to the educational field. In particular, a corpus-based Chinese character teaching methodology is proposed, which helps learners better understand and use Chinese characters through a large number of real language materials.

Therefore, this study selects the beginner vocabulary in the 〈Vocabulary Selection Results Report for Korean Language Learning〉 for Chinese beginner learners, compares the semantic similarities and differences between Korean Chinese characters and Chinese vocabulary, and informs Chinese Korean learners of Chinese characters. The goal is to deeply analyze the problems and challenges encountered in the learning process and explore effective Chinese character education methods and strategies. **The specific research** objectives are as follows.

First, clarify the Korean classification and characteristics of Chinese characters: Organize the historical development and phenomena of Chinese characters, and through this, clarify the position and role of Chinese characters within the Korean vocabulary system, providing a theoretical basis for education.

Second, quantitative transfer use and side effect analysis of Chinese characters: By comparing Chinese and Korean, we analyze the impact of Chinese characters on the learning process of Chinese Korean learners, and distinguish whether these effects are positive or negative.

Third, present effective Chinese character education methods and strategies: Based on the educational field and theoretical research results, present Chinese character education methods and strategies for Chinese Korean learners, thereby improving educational effectiveness and learners' language use ability.

To achieve the above research objectives, the following problems must be solved.

First, what classification are Chinese characters in the Korean vocabulary system, and what characteristics does each classification have?

Second, what impact does Chinese characters have on the learning process of Chinese Korean language learners, and is this impact positive or negative?

Third, considering the characteristics of Chinese Korean learners, what Chinese character education methods and strategies can be designed?

Therefore, in order to achieve the above research purpose, this study first examines the importance of vocabulary and salmon education in Chapter 1, and then presents a research direction based on the results of previous research on Korean salmon education. Korean salmon research has been conducted in various fields such as Korean linguistics and applied linguistics, and among them, quite a lot of research has been conducted with Chinese language learners in mind. However, in most cases, it is difficult to apply it to the actual Korean language education field in China because it only compares the salmon forms and meanings between Korean and Chinese or only presents partial salmon education plans.

We hope that the list of previous research and teaching methods presented in this paper can serve as educational guidelines not only for learners but also for Chinese Korean language teachers.

In Chapter 2, in the characteristics of Korean Chinese character vocabulary and Chinese vocabulary, we examined the general characteristics of each language of the two countries and compared the characteristics of Chinese character vocabulary of the two countries.

In Chapter 3, by comparing the basic vocabulary presented in the Chinese Chinese Proficiency Test HSK, HSK A vocabulary, which corresponds to the beginner level, and the basic Korean vocabulary, we examined to what extent HSK basic vocabulary is at the basic Korean vocabulary and what its contents are. did. Conversely, by analyzing Korean A-level vocabulary and basic Chinese vocabulary in the 2003 〈Vocabulary Selection Report for Korean Learning〉 to the National Institute of Korean Language, we found that the proportion of common vocabulary, especially Chinese character vocabulary, was 55% of the total Chinese character vocabulary in basic Korean vocabulary. I found that the proportion was not small. Based on this, the basic meaning of the vocabulary expansion strategy for Chinese beginner Korean learners using Korean A-level Chinese character vocabulary was presented.

In Chapter 4, the basic vocabulary for Korean language learning A level and the corresponding Chinese vocabulary are divided into three parts due to differences in meaning: Chinese characters with the same type, Chinese characters with the same type, and Chinese characters with different types of consonants. We will prepare strategies that can be used to expand the vocabulary of Chinese beginner Korean learners. In terms of semantics, we looked at how the meaning of vocabulary used in Korea is used in China, and in Chapter 5, in order to prepare a Chinese character vocabulary education method for Chinese beginner learners, we compared the Chinese characters and Chinese vocabulary analyzed in Chapter 4 above. An effective elementary vocabulary education plan was presented based on the aesthetic comparison.

This paper seeks an effective education plan for Chinese Korean learners and discusses the importance of correct Chinese character education for Chinese Korean learners. Due to the long history of exchange between Korean and Chinese, Chinese characters occupy a large proportion in the Korean vocabulary system, which can be an advantageous factor for Chinese learners to learn Korean, and at the same time, it can be an obstacle to the process of understanding and mastering. Therefore, effective Chinese character education plays a very important role in Chinese learners' Korean learning.

Chinese characters are a key part of Korean vocabulary and constitute Korean vocabulary together with native and foreign words. Chinese characters can be broadly classified into three types. Identical synonyms (identical characters) Chinese characters, identical synonyms (identical characters and identical meanings) Chinese characters are divided into synonyms (synonyms and heteronyms) Chinese characters. It refers to words that have the same form and meaning in Korean and Chinese, and these words make learning Korean easier for learners. On the other hand, Chinese characters of the same type and Chinese characters of the same type have differences in vocabulary meaning or usage, and misunderstanding and misuse may occur if they are not properly understood.

Therefore, the significance of this study is as follows.

First, the importance of Chinese character education for Chinese Korean language learners was analyzed. In terms of positive effects, Chinese characters can be a great advantage if Chinese learners learn Korean with a foundation of Chinese. Due to cultural accessibility and familiarity with pronunciation, you can be more easily guided to understand and remember Korean vocabulary. In addition, Chinese characters can develop the ability to guess and understand Korean vocabulary and provide an opportunity to better understand Korean sentences. On the one hand, I saw the adverse effects. Incorrect understanding and use of Chinese characters can be a major distraction for learners. In particular, homologous words, single Chinese characters, and Chinese characters created by the Korean nation itself can cause difficulties for Chinese learners to understand. In these cases, learners must distinguish and use them correctly after understanding them.

Second, the correct Chinese character education method was proposed. The analysis of Chinese characters with the same type of synonym(同, 形, 同, 义) was emphasized. In Chinese character education, it is important to emphasize the analysis of homologous Chinese characters. Clearly explain the differences between homologous Chinese characters and homologous Chinese characters to learners, and help them understand and apply them through sufficient practice. We also practiced context and vocabulary use. Context and vocabulary use exercises help learners understand and use Chinese characters properly. Effective learning can be achieved through practice by using Chinese characters in various contexts and understanding their meanings and usages.

Third, the role of the educator was emphasized. Educators should understand learners' understanding level of Chinese characters and apply appropriate teaching methods accordingly. Educators should identify areas where learners are experiencing difficulties and suggest ways to solve them.

Chinese characters are a factor that has a great impact on Chinese Korean learners' Korean learning, and correct education is very important. Educators understand learners' understanding level of Chinese characters and apply appropriate teaching methods accordingly to help learners understand and use Chinese characters properly. Through these efforts, we will be able to improve the Korean learning performance of Chinese learners.

부록

〈부록 1〉
HSK 甲급어휘와 대응되는 한국어 A등급 어휘

번호	갑급어휘	발음	품사	한국어 의미	대응
1	啊	a	감	아	A
2	爱	ai4	동	사랑하다, 좋아하다, 아끼다.	A
3	八	ba1	수	8, 여덟	A
4	把握	ba3wo4	동/명	파악하다, 이해하다, 장악하다.	A
5	爸爸	ba4ba	명	아빠	A
6	摆	bai3	동	놓다, 두다, 진열하다, 가로젓다, 잡담하다.	A
7	百	bai3	수	백, 100	A
8	半	ban4	수	반, 절반	A
9	班	ban1	영/양	반, 그룹, 근무시간의 구분	A
10	办公室	ban4gong1shi4	명	사무실	A
11	帮助	bang1zhu4	동	돕다, 지원하다, 원조하다	A
12	报	bao4	명	신문	A
13	抱	bao4	동	안다, 포옹하다, 둘러싸다, 입양하다	A
14	杯	bei1	명	잔, 컵/잔	A
15	杯子	bei1zi	명	잔, 컵	A
16	北边	bei3bian1	명	북쪽, 북방	A
17	本子	ben3zi	명	공책, 노트, 판번	A
18	比	bi3	개/동	-에 비하여 -보다/비교하다	A
19	边	bian1	명	옆, 가, 가장자리, 끝, 변방	A
20	船	chuan2	명	배	A
21	窗	chuang1	명	창(문)	A
22	窗户	chuang1hu	명	창문	A

번호	갑급어휘	발음	품사	한국어 의미	대응
23	春	chu	명	봄	A
24	春天	chutian	명	봄	A
25	吹	chui1	동	입김을 불다, 숨을 내뿜다, (바람이)불다, 허풍을 치다, 실패하다	A
26	除了-以外	chu2le-yi3wai4		-을 제외하고는, -이외에	A
27	词	ci2	명	단어, 낱말, 사	A
28	磁带	ci2dai4	명	테이프	A
29	词典	ci2dian3	명	사전	A
30	打算	da3suan4	동/명	-하려고 하다, -할 작정이다/ 타산, 계획	A
31	大	da4	형	크다, 많다, 중요하다, 크게, 아주, 매우, 연상이다.	A
32	大家	da4jia1	대	여러분, 모두	A
33	大学	da4xue2	명	대학	A
34	大夫	dai4fu	명	의사	A
35	但是	dan4shi4	연	하지만	A
36	刀	dao1	명	칼	A
37	到	dao4	동	도달하다, 도착하다	A
38	等	deng3	동	기다리다, 같다, 대등하다.	A
39	别的	bie2de	대	기타의(것),다른(것)	A
40	病	bing4	명/동	병, 결점, 단점, 하자/병나다, 앓다	A/B
41	不错	bu4cuo4	형	괜찮다, 좋다, 나쁘지 않다, 맞다, 그렇다, 정확하다	A
42	不久	bu4jiu3	명	곧, 머지않은 때	A
43	擦	ca1	동	비비다, 문지르다, 닦다, 칠하다, 스치다	A

번호	갑급어휘	발음	품사	한국어 의미	대응
44	操场	cao1chang3	명	운동장	A
45	茶	cha2	명	차	A
46	菜	cai4	명	야채, 채소, 요리, 반찬, 부식물	A
47	层	ceng2	양	층, 겹, 가지, 벌	A
48	常	chang2	부	자주, 비번히, 항상	A
49	常常	chang2chang2	부	항상, 흔히, 종종, 자주	A
50	场	chang3	양/명	편, 장, 차례/장소	A
51	唱	chang4	동	노래하다	A
52	车	che1	명	차, 수레, 기계	A
53	城	cheng2	명	도시, 성벽	A
54	城市	cheng2shi4	명	도시, 시가지	A
55	吃	chi1	동	먹다, 마시다, -에 의지하여 생활하다, 당하다, 받다	A
56	出	chu1	동	나자다, 꺼내다, 생산하다, 발생하다, 털어놓다	A
57	出发	chu1fa1	동	출발하다, 떠나다	A
58	出来	chu2lai	동	나오다	A
59	出去	chu1qu4	동	나가다	A
60	出租汽车	chu1zu1qi4che1	명	택시	A
61	穿	chuan1	동	입다, 착용하다, 신다, 통과하다, 뚫다, 폭로하다	A/C
62	饭	fan4	명	밥	A
63	饭店	fan4dian4	명	호텔	A
64	房间	fang2jian1	명	방	A
65	放	fang4	동	놓아주다, 풀어주다, 발사하다, 불을 붙이다, 두다, 놓다, 넣다, 타다, 섞다, 방영하다, 방송하다.	A

185

번호	갑급어휘	발음	품사	한국어 의미	대응
66	飞	fei1	동	날다, 비행하다, 휘날리다.	A
67	非常	fei1chang2	부/형	아주/특별한, 특수한, 비상한.	A
68	飞机	fei1ji1	명	비행기, 항공기	A
69	分	fen1	명/양	점수/전체를 몇으로 나눈 부분, (시간의)분	A
70	分钟	fen1zhong1	명	(시간의)분	A
71	风	feng1	명	바람, 풍속, 습관, 경치, 풍경, 태도, 자세	A
72	夫人	fu1ren2	명	부인(아내의 높임말)	A
73	复杂	fu4za2	형	복잡하다	A
74	改变	gai3bian4	동	바꾸다, 변경하더, 고치다	A
75	感冒	gan3mao4	명/동	감기/감기에 걸리다	A
76	感谢	gan3xie4	동	감사하다	A
77	干	gan4	동	-하다, 저지르다, 일으키다	A
78	刚	gang1	부	-하자마자, 마침, 꼭, 지금, 바로, 간신히	A
79	高	gao1	형	높디, 우수하다	A
80	高兴	gao1xing4	형/동	즐겁다, 기쁘다, -하기를 좋아하다.	A
81	点	dain3	양	약강, 조금, 가지	A
82	点心	dian3xin1	명	과자, 간식	A
83	点钟	dian3zhong1	명	시	A
84	电话	dian4hua4	명	전화기, 전화	A
85	电视	dian4shi4	명	텔레비전, 텔레비전프로그램	A
86	电影	dian4ying3	명	영화	A
87	丢	diu1	동	떨어지다, 빠뜨리다, 빠지다, 감소하다, 돌리다, 방향을 바꾸다, 교환하다	A

186

번호	갑급어휘	발음	품사	한국어 의미	대응
88	东	dong1	명	동쪽, 주인	A
89	冬	dong1	명	겨울	A
90	东边	dong1bian1	명	동쪽	A
91	冬天	dong1tian1	명	겨울	A
92	东西	dong1xi1	명	사물, 물건, 음식, 것, 놈, 자식, 새끼	A
93	懂	dong3	동	알다, 이해하다	A
94	都	dou1	부	모두, 다, –도, 이미, 벌써	A
95	读	du2	동	읽다, 낭독하다, 공부하다.	A
96	对不起	dui4bu4qi3		미안하다, 죄송하다	A
97	多	duo1	형	많다, 과다한, 과분한, 불필요한	A
98	多么	duo1me4	부	얼마나, 어느정도, 아무리	A
99	多少	duo1shao2	대	얼마, 몇	A
100	饿	e4	형/동	배고프다, 굶주리다./굶기다, 배고프게 하다.	A
101	二	er2	수	2, 둘	A
102	儿子	er2zi	명	아들	A
103	发	fa1	동	보내다, 부치다, 발사하다, 표현하다, 발전하다.	A
104	海	hai3	명	바다	A
105	寒假	han2jia4	명	겨울방학	A
106	喊	han2	동	큰소리로 외치다, 부르다	A
107	汉语	han4yu2	명	중국어	A
108	汉字	han4zi4	명	한자	A
109	好	hao3	부	매우, 꽤, 아주, 수량이나 시간이 아주 많음이나 오래됨.	A

번호	갑급어휘	발음	품사	한국어 의미	대응
110	好	hao3	형	훌륭하다, 좋다, 친근하다, 사이가 좋다, 건강하다, 병이 낫다, 찬성, 동의, 종결, 불만의 어기, -하기	A
111	好看	hao3kan4	형	보기 좋다, 아름답다, 근사하다, 체면이 서다.	A
112	号	hao2	명/양	명칭, 이름, 등급의 번호, 사이즈, 일(날짜)	A
113	喝	he1	동	마시다	A
114	和	he2	개/연	-와/과, -에게/-하고, 또 -하다	A
115	河	he2	명	강, 하천, 수로	A
116	黑板	hei1ban2	명	칠판	A
117	很	hen2	부	매우, 아주, 대단히	A
118	后	hou4	형/명	뒤, 후, 자손, 자식	A
119	忽然	hu1ran2	형	갑자기, 돌연, 별안간	A
120	互相	hu4xiang1	부	서로, t강호	A
121	花	hua1	동	쓰다, 소비하다, 사용하다.	A
122	花	hua1	명	꽃/ 알록달록한	A
123	话	hua4	명	말. 이야기	A
124	画	hua4	동	(그림을) 그리다	A
125	坏	huai4	형	나쁘다, 악하다, 고약하다, 고장나다, 상하다.	A
126	画	hua4r	명	그림	A
127	回	hui2	동	돌아가다, 돌아오다, 돌리다, 방행을 바꾸다. 대답하다.	A
128	回答	hui2da2	동	대답하다, 대답	A
129	回来	hui2lai2	동	돌아오다	A
130	回去	hui2qu4	동	돌아가다	A

번호	갑급어휘	발음	품사	한국어 의미	대응
131	会	hui4	동/조동	만나다, 모이다, 모으다, 능숙하다/-할 줄 알다, -할 수 있다,	A
132	活动	huo2dong4	동/명	움직이다, 활동하다, 운동, 활동, 행사.	A
133	火车	huo3che1	명	기차	A

189

〈부록 2〉

〈한국어 학습용 어휘 선정 결과 보고서〉 부록
A등급한자 목록

빈도순위	단어	품사	풀이	최종등급
2520	계절01	명	季節	A
400	계획01	명	計劃	A
1337	고등학교	명	高等學校	A
7445	고등학생	명	高等學生	A
593	고향02	명	故鄕	A
490	공부01	명	工夫	A
807	공부하다	동	工夫-	A
2950	공원03	명	公園	A
8672	공중전화	명	公衆電話	A
5179	공책01	명	空冊	A
2433	공항02	명	空港	A
9466	공휴일	명	公休日	A
996	과10	명	課	A
2887	교과서	명	敎科書	A
371	교수06	명	敎授	A
1339	교실	명	敎室	A
1249	교통01	명	交通	A
10999	구01	수	九	A
4770	구십	수	九十	A
1076	구월02	명	九月	A
2434	군인	명	軍人	A

빈도순위	단어	품사	풀이	최종등급
1672	권01	의	卷	A
2331	극장	명	劇場	A
1151	근처	명	近處	A
7714	금요일	명	金曜日	A
1289	급04	명	級	A
525	기분01	명	氣分	A
4776	기숙사	명	寄宿舍	A
2919	기차01	명	汽車	A
1068	남녀	명	男女	A
290	남대문	고	南大門	A
	남대문시장	고	南大門市場	A
9077	남동생	명	男-	A
154	남자02	명	男子	A
1598	남쪽	명	南-	A
255	남편01	명	男便	A
5594	남학생	명	男學生	A
1941	내년	명	來年	A
3520	내일	부	來日	A
1270	내일	명	來日	A
13192	냉면	명	冷麵	A
3311	냉장고	명	冷藏庫	A
26	년02	의	年	A
8329	노란색	명	-色	A
2192	단어	명	單語	A
5088	달력	명	-曆	A
1453	대답	명	對答	A
5883	대사관	명	大使館	A

빈도순위	단어	품사	풀이	최종등급
261	대학01	명	大學	A
4416	대학교	명	大學校	A
1944	대학생	명	大學生	A
699	대화06	명	對話	A
1867	댁01	명	宅	A
1732	도서관	명	圖書館	A
423	도시03	명	都市	A
9103	도착01	명	到着	A
	도착하다01	동	到着-	A
	독일	고	獨逸	A
1294	동물	명	動物	A
2569	동쪽	명	東-	A
4996	등산	명	登山	A
3865	만06	관	萬	A
8359	만06	수	萬	A
1272	매일	부	每日	A
6784	매일	명	每日	A
2861	맥주	명	麥酒	A
77	명03	의	名, 한~	A
11099	목요일	명	木曜日	A
3808	목욕	명	沐浴	A
469	문05	명	門	A
53	문제06	명	問題	A
213	물론01	부	勿論	A
560	물건	명	物件	A
	미국	고	美國	A
1484	미안하다	형	未安-	A

빈도순위	단어	품사	풀이	최종등급
1517	박물관	명	博物館	A
834	반07	명	半	A
933	반11	명	班	A
5491	발음01	명	發音	A
318	방07	명	房	A
1581	방학	명	放學	A
15575	백05	수	百	A
2410	백05	관	百	A
1974	백화점	명	百貨店	A
138	번04	의	番	A
4276	번호02	명	番號	A
1306	병04	명	病	A
1976	병05	명	瓶	A
628	병원02	명	病院	A
1392	보통	명	普通	A
1347	복잡하다	형	複雜-	A
665	부모01	명	父母	A
1160	부모님	명	父母-	A
977	부부03	명	夫婦	A
	부산	고	釜山	A
1619	부인01	명	夫人	A
2179	북쪽	명	北-	A
1171	비행기	명	飛行機	A
9605	빨간색	명	-色	A
11837	사11	수	四	A
3237	사과05	명	沙果	A
1781	사무실	명	事務室	A

193

빈도순위	단어	품사	풀이	최종등급
15648	사십	수	四十	A
254	사용하다03	동	使用-	A
1006	사월02	명	四月	A
1116	사장15	명	社長	A
7270	사전22	명	辭典	A
728	사진07	명	寫眞	A
20886	사탕02	명	沙糖	A
465	산01	명	山	A
4802	산책	명	散策	A
5923	삼06	수	三	A
18764	삼십	수	三十	A
1117	삼월	명	三月	A
1358	색03	명	色	A
1603	색깔	명	色-	A
2803	생선	명	生鮮	A
1963	생일02	명	生日	A
174	생활	명	生活	A
	서울역	고	-驛	A
5229	서점03	명	書店	A
3152	서쪽	명	西-	A
1741	선물03	명	膳物	A
14518	선물하다	동	膳物-	A
518	선생01	명	先生	A
204	선생님	명	先生-	A
965	설명	명	說明	A
	설악산	고	雪嶽山	A
2236	설탕	명	雪糖	A

빈도순위	단어	품사	풀이	최종등급
969	세13	의	歲	A
6621	세수04	명	洗手	A
8809	세탁기	명	洗濯機	A
1401	소개하다01	동	紹介-	A
5121	소풍02	명	逍風	A
4527	수건	명	手巾	A
919	수업04	명	授業	A
2899	수영02	명	水泳	A
11896	수영장	명	水泳場	A
7818	수요일	명	水曜日	A
1627	숙제03	명	宿題	A
2657	시06	명	市	A
193	시 10	의	時	A
551	시간04	의	時間	A
99	시간04	명	時間	A
1677	시계01	명	時計	A
1509	시월01	명	十月	A
1454	시작01	명	始作	A
573	시작되다01	동	始作-	A
131	시작하다01	동	始作-	A
218	시장04	명	市場	A
639	시험03	명	試驗	A
1393	식당	명	食堂	A
928	식사03	명	食事	A
5777	식사하다02	동	食事-	A
2932	식탁	명	食卓	A
513	신문10	명	新聞	A

195

빈도순위	단어	품사	풀이	최종등급
7291	실례01	명	失禮	A
17194	실례하다	동	失禮-	A
24036	십	수	十	A
1410	십이월	명	十二月	A
2099	십일월	명	十一月	A
37	씨07	의	氏	A
2659	안경03	명	眼鏡	A
7294	안녕	감	安寧	A
1978	안녕하다	형	安寧-	A
4444	안녕히	부	安寧-	A
2688	야구02	명	野球	A
2027	약07	명	藥	A
7298	약국02	명	藥局	A
1203	약속	명	約束	A
2660	약속하다	동	約束-	A
5248	양말01	명	洋襪	A
4535	양복01	명	洋服	A
4142	여권02	명	旅券	A
6102	여동생	명	女同生	A
84	여자02	명	女子	A
984	여행02	명	旅行	A
5949	여행하다01	동	旅行-	A
4087	역14	명	驛	A
208	역사04	명	歷史	A
1896	연습03	명	練習	A
5382	연습하다03	동	練習-	A
3703	연필	명	鉛筆	A

빈도순위	단어	품사	풀이	최종등급
660	열심히	부	熱心-	A
	영국	고	英國	A
1090	영어02	명	英語	A
341	영화01	명	映畵	A
19100	오십	수	五十	A
991	오월01	명	五月	A
1193	오전02	명	午前	A
606	오후02	명	午後	A
651	외국02	명	外國	A
5040	외국어	명	外國語	A
1611	외국인	명	外國人	A
1604	요리05	명	料理	A
1632	우산01	명	雨傘	A
2065	우유02	명	牛乳	A
5791	우체국	명	郵遞局	A
123	운동	명	運動	A
2534	운동장	명	運動場	A
4822	운동하다	동	運動-	A
9085	운동화	명	運動靴	A
3707	운전02	명	運轉	A
7864	운전하다	동	運轉	A
6854	월02	의	月	A
4823	월요일	명	月曜日	A
1744	위험	명	危險	A
2141	위험하다	형	危險-	A
1605	유명하다01	형	有名-	A
1080	유월01	명	六月	A

빈도순위	단어	품사	풀이	최종등급
17406	육02	수	六	A
28580	육십	수	六十	A
599	은행02	명	銀行	A
395	음식	명	飲食	A
586	음악01	명	音樂	A
1295	의사12	명	醫師	A
2292	의자03	명	椅子	A
172	이번01	명	-番	A
51771	이십	수	二十	A
1783	이월01	명	二月	A
515	이해하다02	동	理解-	A
1488	인사01	명	人士	A
1204	인사02	명	人事	A
4096	인사하다	동	人事-	A
	인천	고	仁川	A
	일본	고	日本	A
12030	일본어	명	日本語	A
1784	일요일	명	日曜日	A
1725	일월01	명	一月	A
1456	일주일	명	一週日	A
796	자동차	명	自動車	A
1224	자전거	명	自轉車	A
1040	작년	명	昨年	A
884	잔03	명	盞	A
722	잠시	부	暫時	A
1862	잡지	명	雜誌	A
925	장22	의	張. 종이 한~	A

빈도순위	단어	품사	풀이	최종등급
12818	장미05	명	薔薇	A
1325	장소05	명	場所	A
534	전08	관	前	A
115	전08	명	前	A
375	전화07	명	電話	A
2256	점심	명	點心	A
6132	점심시간	명	點心時間	A
5966	정류장	명	停留場	A
349	정말01	부	正-	A
733	제일04	명	第一	A
	제주도	고	濟州道	A
2845	졸업	명	卒業	A
2145	졸업하다	동	卒業-	A
2724	죄송하다	형	罪悚-	A
2585	주26	의	週	A
2183	주26	명	週	A
1933	주말02	명	週末	A
4836	주소01	명	住所	A
825	주인01	명	主人	A
1074	준비	명	準備	A
1107	준비하다	동	準備-	A
	중국	고	中國	A
19454	중국어	명	中國語	A
220	중요하다02	형	重要-	A
1996	중학교	명	中學校	A
5053	중학생	명	中學生	A
3888	지갑03	명	紙匣	A

빈도순위	단어	품사	풀이	최종등급
195	지금03	부	只今	A
176	지금03	명	只今	A
1901	지도03	명	地圖	A
1745	지하	명	地下	A
1755	지하철	명	地下鐵	A
1144	질문	명	質問	A
7634	질문하다	동	質問-	A
417	차06	명	車	A
3052	차09	명	茶	A
2033	창문	명	窓門	A
215	책01	명	冊	A
1653	책상01	명	冊床	A
24937	천03	수	千	A
3090	천03	관	千	A
10274	청바지	명	青-	A
2484	청소06	명	清掃	A
4946	청소하다03	동	清掃-	A
7129	초대06	명	招待	A
5293	초대하다02	동	招待-	A
9369	초등학교	명	初等學校	A
1317	축구04	명	蹴球	A
4656	축하하다	동	祝賀-	A
1982	출발하다	동	出發-	A
2671	취미04	명	趣味	A
922	층02	명	層	A
7649	치약	명	齒藥	A
147	친구02	명	親舊	A

빈도순위	단어	품사	풀이	최종등급
3894	친절하다	형	親切-	A
14947	칠01	수	七	A
19607	칠십	수	七十	A
1670	침대02	명	寢臺	A
8589	칫솔	명	齒-	A
6321	태권도	명	跆拳道	A
2327	토요일	명	土曜日	A
12965	파란색	명	-色	A
16381	팔03	수	八	A
29719	팔십	수	八十	A
1527	팔월	명	八月	A
952	편지02	명	便紙	A
8603	포도06	명	葡萄	A
2090	표04	명	票	A
2641	피곤	명	疲困	A
342	필요	명	必要	A
251	필요하다	형	必要-	A
125	학교	명	學校	A
512	학년	명	學年	A
238	학생	명	學生	A
	한강	고	漢江	A
	한국	고	韓國	A
6930	한국말	명	韓國-	A
2642	한국어	명	韓國語	A
382	한번	명	-番	A
2614	한복	명	韓服	A
2643	한자02	명	漢字	A

빈도순위	단어	품사	풀이	최종등급
754	항상	부	恒常	A
702	형01	명	兄	A
1544	호14	의	號	A
	호주	고	濠洲	A
13987	화요일	명	火曜日	A
689	환자03	명	患者	A
389	회사04	명	會社	A
537	회의04	명	會議	A
149	후08	명	後	A
5070	휴일	명	休日	A
6169	휴지02	명	休紙	A
10353	휴지통	명	休紙桶	A
1999	흰색	명	-色	A

〈부록 3〉

한국어 한자어와 중국어 어휘의 동형절대동의 한자어

(ㄱ)		감상	鑑賞	결심	決心
가격	價格	감소	減少	결정	決定
가능성	可能性	감옥	監獄	결혼	結婚
가사	歌詞	갑	匣	경고	警告
가상	假想	강	江	경기	競技
가입	加入	강당	講堂	경력	經歷
가입자	加入者	강도	強度	경비	經費
가정	家庭	강도	強盜	경영	經營
가정	假定	강수량	降水量	경쟁	競爭
가정교사	家庭敎師	강제	強制	경쟁력	競爭力
가족	家族	강조	強調	경제	經濟
가치관	價値觀	개선	改善	경제력	經濟力
각각	各各	개성	個性	경치	景致
각국	各國	거리	距離	경향	傾向
각자	各自	거실	居室	경험	經驗
각종	各種	거액	巨額	계곡	溪谷
간	肝	건설	建設	계란	鷄卵
간접	間接	건조	乾燥	계산기	計算器
갈색	褐色	건축	建築	계약	契約
감	感	견해	見解	계절	季節
감수성	感受性	결과	結果	계획	計劃
감독	監督	결론	結論	고객	顧客
감동	感動	결석	缺席	고급	高級
감사	感謝	결승	決勝	고모	姑母

고민	苦悶	과목	科目	구역	區域
고속	高速	과자	菓子	구월	九月
고전	古典	과정	過程	구조	構造
고집	固執	과정	課程	국가	國家
고통	苦痛	과제	課題	국기	國旗
고함	高喊	과학	科學	국내	國內
곡	曲	관객	觀客	국내선	國內線
곡식	穀食	관광	觀光	국내외	國內外
공간	空間	관념	觀念	국립	國立
공개	公開	관람	觀覽	국민	國民
공격	攻擊	관련	關聯	국산	國産
공공	公共	관리	管理	국왕	國王
공군	空軍	관심	關心	국적	國籍
공급	供給	관점	觀點	국제	國際
공기	空氣	광고	廣告	국제선	國際線
공동	共同	광장	廣場	국제화	國際化
공업	工業	교내	校內	국회	國會
공연	公演	교문	校門	국회의원	國會議員
공원	公園	교복	校服	군	軍
공장	工場	교수	教授	군대	軍隊
공주	公主	교실	教室	군사	軍事
공중	空中	교양	教養	군인	軍人
공통	共通	교외	郊外	권리	權利
공통점	共通點	교육	教育	권위	權威
공포	恐怖	교육비	教育費	권투	拳鬪
공항	空港	교재	教材	귀국	歸國
공해	公害	교직	教職	귀신	鬼神
공휴일	公休日	교포	僑胞	규모	規模
과	科	구	區	규정	規定
과	課	구별	區別	균형	均衡
과거	科擧	구분	區分	귤	橘

204

극복	克服	기원	起源	농산물	農産物
극작가	劇作家	기적	奇跡	농업	農業
극장	劇場	기준	基準	농장	農場
근거	根據	기타	其他	농촌	農村
근교	近郊	기호	記號	뇌	腦
근로	勤勞	기획	企劃	능력	能力
근육	筋肉	긴장감	緊張感		
근처	近處			**(ㄷ)**	
금	金	**(ㄴ)**		다수	多數
금고	金庫	낙엽	落葉	다양성	多樣性
금년	今年	남	南	단	段
금지	禁止	남부	南部	단독	單獨
급	級	남성	男性	단순	單純
기	旗	낭비	浪費	단어	單語
기간	期間	남학생	男學生	단위	單位
기계	機械	내과	內科	단지	團地
기기	機器	내년	來年	단체	團體
기념	記念	내부	內部	단편	短篇
기념일	記念日	내용	內容	단풍	丹楓
기념품	記念品	내일	來日	담당	擔當
기능	技能	노동자	勞動者	답	答
기대	期待	노력	努力	답변	答辯
기도	祈禱	노선	路線	당시	當時
기독교	基督敎	녹색	綠色	당장	當場
기법	技法	녹음	錄音	대가	代價
기본	基本	녹차	綠茶	대개	大概
기숙사	寄宿舍	논리	論理	대규모	大規模
기술	技術	논문	論文	대기	大氣
기억	記憶	논쟁	論爭	대기업	大企業
기업	企業	농민	農民	대다수	大多數
기온	氣溫	농부	農夫	대도시	大都市

대륙	大陸	동전	銅錢	명칭	名稱
대부분	大部分	동창	同窓	모양	模樣
대사	大使	동포	同胞	모집	募集
대사	臺詞	동화	童話	목록	目錄
대사관	大使館	두부	豆腐	목사	牧師
대응	對應	등록	登錄	목적	目的
대접	待接	등산	登山	목표	目標
대중	大衆	등산로	登山路	묘사	描寫
대중교통	大衆交通			무	無
대중문화	大衆文化	**(ㅁ)**		무기	武器
대책	對策	마약	痲藥	무리	無理
대학	大學	마찰	摩擦	무역	貿易
대학교	大學校	만두	饅頭	문	門
대학교수	大學敎授	만세	萬歲	문구	文句
대형	大型	만일	萬一	문제	問題
대회	大會	만족	滿足	문학	文學
도덕	道德	만화	漫畵	문화	文化
도서관	圖書館	만화가	漫畵家	물가	物價
도시	都市	말기	末期	물리학	物理學
도장	圖章	망원경	望遠鏡	물질	物質
도전	挑戰	매력	魅力	물체	物體
도중	途中	매일	每日	미래	未來
독립	獨立	매체	媒體	미만	未滿
동기	同期	면	面	미소	微笑
동기	動機	면	綿	미술	美術
동료	同僚	면담	面談	미술관	美術館
동물	動物	면적	面積	미인	美人
동물원	動物園	명단	名單	미혼	未婚
동서남북	東西南北	명령	命令	민간	民間
동시	同時	명예	名譽	민속	民俗
동의	同意	명의	名義	민족	民族

민주	民主	백인	白人	본질	本質
민주주의	民主主義	벌	罰	봉투	封套
민주화	民主化	벌금	罰金	부	部
		범위	範圍	부	富
(ㅂ)		범인	犯人	부근	附近
박물관	博物館	범죄	犯罪	부담	負擔
박사	博士	법	法	부동산	不動産
박수	拍手	법률	法律	부모	父母
반	半	법원	法院	부문	部門
반	班	법칙	法則	부부	夫婦
반대	反對	변경	變更	부상	負傷
반성	反省	변명	辨明	부위	部位
반장	班長	변신	變身	부인	婦人
발음	發音	변화	變化	부작용	副作用
발전	發展	별명	別名	부장	部長
발전	發電	병	瓶	부정	不正
방	房	병실	病室	부족	部族
방면	方面	병원	病院	부탁	付託
방문	房門	보고	報告	부회장	副會長
방문	訪問	보도	報道	북	北
방법	方法	보상	補償	북부	北部
방송	放送	보수	保守	분노	憤怒
방식	方式	보안	保安	분야	分野
방안	方案	보장	保障	분홍색	粉紅色
방지	防止	보전	保全	불교	佛敎
방해	妨害	보존	保存	불법	不法
방향	方向	보통	普通	불이익	不利益
배	倍	보호	保護	불행	不幸
배경	背景	복	福	비	碑
배치	配置	복습	復習	비교	比較
백색	白色	본성	本性	비극	悲劇

비만	肥滿	사회주의	社會主義	생활용품	生活用品
비명	悲鳴	사회학	社會學	생활환경	生活環境
비밀	秘密	산山		서구	西歐
비상	非常	산업	産業	서명	署名
비서	秘書	살인	殺人	서민	庶民
비용	費用	삼월	三月	서부	西部
비율	比率	상	上	서양	西洋
비중	比重	상	像	서적	書籍
비판	批判	상	賞	서점	書店
비행	非行	상관	相關	석사	碩士
비행기	飛行機	상금	賞金	석유	石油
		상대성	相對性	선	線
(ㅅ)		상류	上流	선거	選擧
사고	思考	상상	想像	선원	船員
사과	謝過	상상력	想像力	선장	船長
사례	事例	상식	常識	선전	宣傳
사립	私立	상업	商業	선진	先進
사물	事物	상인	商人	선풍기	扇風機
사생활	私生活	상자	箱子	설문	設問
사설	社說	상점	商店	설치	設置
사업	事業	상태	狀態	섭씨	攝氏
사업가	事業家	상표	商標	성	姓
사원	社員	상품	商品	성	性
사월	四月	상황	狀況	성경	聖經
사자	獅子	색	色	성명	聲明
사장	社長	생명	生命	성별	性別
사전	事前	생산	生産	성장	成長
사전	辭典	생산력	生産力	성적	成績
사진	寫眞	생산자	生産者	성질	性質
사회	社會	생활	生活	세계	世界
사회생활	社會生活	생활비	生活費	세계관	世界觀

208

세금	稅金	숫자	數字	식물	植物
세대	世代	승객	乘客	식욕	食慾
소개	紹介	승리	勝利	식탁	食卓
소년	少年	승부	勝負	식품	食品
소득	所得	승진	昇進	신	神
소망	所望	시	詩	신념	信念
소비	消費	시각	時刻	신랑	新郞
소비자	消費者	시간	時間	신문	新聞
소설	小說	시계	時計	신문사	新聞社
소수	少數	시기	時期	신비	神秘
소아과	小兒科	시기	時機	신세대	新世代
소원	所願	시내	市內	신용	信用
소음	騷音	시대	時代	신청	申請
소형	小型	시도	試圖	신청서	申請書
속도	速度	시민	市民	신호	信號
손실	損失	시선	視線	신호등	信號燈
손해	損害	시설	施設	신혼부부	新婚夫婦
수	數	시야	視野	실감	實感
수건	手巾	시월	十月	실례	失禮
수도	首都	시외	市外	실습	實習
수명	壽命	시위	示威	실시	實施
수상	首相	시인	詩人	실정	實情
수석	首席	시일	時日	실제	實際
수염	鬚髥	시장	市長	실천	實踐
수요	需要	시점	時點	실체	實體
수준	水準	시집	詩集	실현	實現
수집	蒐集	시청률	視聽率	심리	心理
수학	修學	시험	試驗	심사	審査
수학	數學	식기	食器	심장	心臟
숙소	宿所	식당	食堂	심판	審判
순식간	瞬息間	식량	食糧	십이월	十二月

십일월	十一月	여학생	女學生	영하	零下
쌍	雙	여행사	旅行社	영향력	影響力
		역사	歷史	예	例
(ㅇ)		역사상	歷史上	예감	豫感
악기	樂器	연결	連結	예방	豫防
악몽	惡夢	연관	聯關	예보	豫報
안경	眼鏡	연구소	研究所	예산	豫算
안전	安全	연구실	研究室	예상	豫想
안정	安定	연구원	研究員	예선	豫選
암시	暗示	연구자	研究者	예술	藝術
압력	壓力	연기	延期	예술가	藝術家
애정	愛情	연기	煙氣	예습	豫習
야간	夜間	연기	演技	예약	豫約
야채	野菜	연락	連絡	예외	例外
약점	弱點	연령	年齡	예의	禮儀
약품	藥品	연말	年末	예절	禮節
양	羊	연설	演說	예정	豫定
양	量	연속	連續	오락	娛樂
양국	兩國	연습	練習	오염	汚染
양력	陽曆	연애	戀愛	오월	五月
양복	洋服	연장	延長	오전	午前
양주	洋酒	연주	演奏	오해	誤解
언론	言論	연합	聯合	오후	午後
언어	言語	열	熱	온도	溫度
업무	業務	열기	熱氣	완전	完全
여가	餘暇	열정	熱情	왕	王
여관	旅館	열차	列車	왕비	王妃
여권	旅券	영남	嶺南	왕자	王子
여론	輿論	영상	零上	외과	外科
여왕	女王	영어	英語	외교	外交
여유	餘裕	영웅	英雄	외교관	外交官

외국	外國	위성	衛星	이념	理念
외국인	外國人	위원	委員	이동	移動
외모	外貌	위원장	委員長	이력서	履歷書
요구	要求	위주	爲主	이모	姨母
욕실	浴室	위험	危險	이별	離別
욕심	欲心	위험성	危險性	이사	移徙
용	龍	위협	威脅	이상	異常
용기	勇氣	유교	儒教	이성	理性
용기	容器	유물	遺物	이성	異性
용도	用途	유산	遺産	이외	以外
용서	容恕	유월	六月	이월	二月
우려	憂慮	유학	留學	이익	利益
우산	雨傘	유학생	留學生	이전	以前
우유	牛乳	유형	類型	이하	以下
우정	友情	육군	陸軍	이해	理解
우표	郵票	은	銀	이해관계	利害關係
운	運	음력	陰曆	이혼	離婚
운동	運動	음료	飲料	이후	以後
운동복	運動服	음악	音樂	인격	人格
운동장	運動場	음악가	音樂家	인구	人口
운행	運行	의논	議論	인근	隣近
원고	原稿	의도	意圖	인류	人類
원래	元來	의무	義務	인삼	人蔘
원서	願書	의문	疑問	인상	人相
원인	原因	의사	醫師	인상	印象
원장	院長	의심	疑心	인쇄	印刷
월급	月給	의욕	意欲	인원	人員
위기	危機	의원	議員	인종	人種
위로	慰勞	의자	椅子	인체	人體
위반	違反	의지	意志	인형	人形
위법	違法	이내	以內	일기	日記

211

일등	一等	작년	昨年	전시	展示
일반	一般	잔	盞	전시회	展示會
일부	一部	잠수함	潛水艦	전자	電子
일상생활	日常生活	잠시	暫時	전쟁	戰爭
일생	一生	잡지	雜誌	전통	傳統
일월	一月	장관	長官	전통문화	傳統文化
일자	日子	장례	葬禮	전화기	電話機
일정	日程	장미	薔薇	전화	電話
일체	一切	장비	裝備	전환	轉換
일치	一致	장소	場所	전후	前後
임무	任務	장식	裝飾	절	節
임신	妊娠	장학금	獎學金	절대	絕對
입원	入院	재료	材料	절망	絕望
입학	入學	재산	財産	절반	折半
		재정	財政	점	點
(ㅈ)		재학	在學	점검	點檢
자	字	저자	著者	점원	店員
자극	刺戟	저축	貯蓄	접근	接近
자료	資料	적	敵	정	情
자매	姉妹	적극	積極	정기	定期
자살	自殺	적용	適用	정당	政黨
자세	姿勢	전	前	정도	程度
자신	自身	전개	展開	정리	整理
자신	自信	전공	專攻	정문	正門
자연현상	自然現象	전기	前期	정보	情報
자연환경	自然環境	전기	傳記	정부	政府
자원	資源	전문가	專門家	정상	正常
자유	自由	전반	全般	정성	精誠
자율	自律	전부	全部	정식	正式
자정	子正	전선	戰線	정오	正午
자존심	自尊心	전설	傳說	정원	庭園

212

정장	正裝	주거	住居	지급	支給
정치	政治	주말	週末	지능	知能
정치학	政治學	주문	呪文	지대	地帶
제공	提供	주변	周邊	지도	地圖
제사	祭祀	주부	主婦	지방	脂肪
제안	提案	주소	住所	지시	指示
제약	制約	주요	主要	지식	知識
제의	提議	주장	主張	지역	地域
제일	第一	주제	主題	지원	支援
제품	製品	주차	駐車	지점	地點
제한	制限	주한	駐韓	지진	地震
조	組	죽	粥	지출	支出
조각	彫刻	준비	準備	지폐	紙幣
조건	條件	중간	中間	지혜	智慧
조기	早期	중단	中斷	직선	直線
조사	調査	중독	中毒	직업	職業
조상	祖上	중부	中部	직원	職員
조절	調節	중세	中世	직접	直接
조정	調整	중소기업	中小企業	직후	直後
조직	組織	중순	中旬	진단	診斷
존재	存在	중요성	重要性	진료	診療
졸업	卒業	즉석	卽席	진리	眞理
졸업생	卒業生	즉시	卽時	진심	眞心
종	種	증가	增加	진통	陣痛
종	鐘	증거	證據	질	質
종교	宗敎	증권	證券	질서	秩序
종일	終日	증상	症狀	집단	集團
종합	綜合	지각	知覺	집중	集中
좌석	座席	지구	地區		
죄	罪	지구	地球	**(ㅊ)**	
주	周	지금	只今	차	車

213

차	差	체육관	體育館	출판사	出版社
차	茶	체조	體操	충고	忠告
차남	次男	체중	體重	취미	趣味
차량	車輛	초기	初期	취소	取消
차별	差別	초상화	肖像畵	취재	取材
차창	車窓	초순	初旬	취직	就職
착각	錯覺	초원	草原	취향	趣向
찬성	贊成	초점	焦點	층	層
참여	參與	초청	招請	치료	治療
참조	參照	총리	總理	친절	親切
창	窓	촬영	撮影	친척	親戚
창고	倉庫	최고	最高	칠월	七月
창구	窓口	최고급	最高級	칭찬	稱讚
창작	創作	최근	最近		
창조	創造	최대	最大	**(ㅋ)**	
책임	責任	최소	最小	쾌감	快感
책임감	責任感	최신	最新		
처녀	處女	최저	最低	**(ㅌ)**	
처벌	處罰	최종	最終	타락	墮落
천국	天國	최초	最初	타자기	打字機
천재	天才	최후	最後	탁자	卓子
철	鐵	추억	追憶	탄생	誕生
철도	鐵道	추천	推薦	탑	塔
철학	哲學	추측	推測	태권도	跆拳道
청년	靑年	축소	縮小	태도	態度
청소	淸掃	축하	祝賀	태아	胎兒
청소년	靑少年	출발	出發	태양	太陽
청춘	靑春	출발점	出發點	토론	討論
체력	體力	출신	出身	토론자	討論者
체온	體溫	출연	出演	토론회	討論會
체육	體育	출판	出版	통	桶

통계	統計	포도주	葡萄酒	학생증	學生證
통과	通過	포장	包裝	학술	學術
통로	通路	포함	包含	학습	學習
통신	通信	폭	幅	학원	學院
통역	通譯	폭력	暴力	학위	學位
통일	統一	표면	表面	학자	學者
통합	統合	표시	表示	한	恨
통화	通貨	표시	標示	한계	限界
퇴직금	退職金	표정	表情	한문	漢文
투표	投票	표준	標準	한자	漢字
특급	特級	표현	表現	합격	合格
특별	特別	풍속	風俗	항공	航空
특성	特性	풍습	風習	항구	港口
특수	特殊	피곤	疲困	항의	抗議
특수성	特殊性	피로	疲勞	해군	海軍
특징	特徵	피해	被害	해답	解答
		필수	必須	해물	海物
(ㅍ)		필요	必要	해석	解析
파도	波濤	필요성	必要性	해석	解釋
판	版	필자	筆者	해설	解說
판결	判決			해안	海岸
팔월	八月	**(ㅎ)**		해외	海外
편견	偏見	하순	下旬	핵	核
평	評	하천	河川	핵심	核心
평가	評價	학과	學科	행동	行動
평균	平均	학교	學校	행복	幸福
평생	平生	학교생활	學校生活	행운	幸運
평소	平素	학기	學期	행위	行爲
평일	平日	학년	學年	향수	香水
폐지	廢止	학력	學歷	허가	許可
포도	葡萄	학비	學費	허락	許諾

215

허용	許容	확장	擴張
현관	玄關	환경	環境
현금	現金	환경오염	環境汚染
현대	現代	환영	歡迎
현대인	現代人	환자	患者
현상	現象	활기	活氣
현실	現實	활용	活用
현장	現場	회복	回復
현재	現在	회색	灰色
현지	現地	회원	會員
혈액	血液	회의	會議
협력	協力	회의	懷疑
형	兄	회장	會長
형	型	회화	繪畵
형성	形成	효과	效果
형식	形式	효자	孝子
형태	形態	후	後
혜택	惠澤	후기	後期
호기심	好奇心	후반	後半
호수	湖水	후회	後悔
홍차	紅茶	훈련	訓鍊
화가	畵家	휴가	休暇
화면	畵面	휴일	休日
화분	花盆	흔적	痕跡
화장	化粧	흥미	興味
화장품	化粧品	흥분	興奮
화재	火災	희망	希望
화제	話題	희생	犧牲
화학	化學		
확보	確保		
확인	確認		

〈부록 4〉

한국어 한자어와 중국어 어휘의 동형완전이의어

한자어	한국어	중국어
강의 講義	학문이나 기술의 일정한 내용을 체계적으로 설명하여 가르침.	① 강의안 ② 경서를 강의함
검사 檢事	검찰권을 행사하는 사법관.	사실을 확인함.
겁 怯	무서워하는 마음. 또는 그런 심리적 경향.	담이 작다, 용기가 없다.
결국 結局	① 일이 마무리되는 마당이나 일의 결과가 그렇게 돌아감을 이르는 말. ② 어떤 일이 벌어질 형편이나 국면을 완전히 갖춤. ③『민』얼굴, 묏자리, 집터 따위가 형국(形局)을 완전히 갖춤.	결말. 종국. 결국. 결과.
고교 高校	=고등학교.	고등학교의 약칭.
고등학교 高等 學校	중학교를 졸업한 사람에게 고등 보통 교육과 실업 교육을 베푸는 학교.	(전문학교나 대학 등의) 고등 교육 기관의 통칭.
공부 工夫	학문이나 기술을 배우고 익힘.	① 옛날, 임시 고용 노동자 ② (투자한) 시간 ③ 틈, 여가 ④ 노력을 거쳐 얻은 조예, 재주, 솜씨 ⑤ 노력.
공사 工事	① 토목이나 건축 따위의 일. ② 형사들의 은어로, '고문04 (拷 問)'을 이르는 말.	군사 작전을 위한 진지 구축물의 총칭.

한자어	한국어	중국어
관습 慣習	어떤 사회에서 오랫동안 지켜 내려와 그 사회 성원들이 널리 인정하는 질서나 풍습.	자주 연습함. 숙련이 됨.
근무 勤務	① 직장에 적을 두고 직무에 종사함. ② 일직, 숙직, 당번 따위를 맡아서 집행함.	① 부지런하게 일함. ② 전쟁을 위한 후방 근무. ③ 군대에서 잡일을 담당한 사람.
기능 機能	① 하는 구실이나 작용. ② 권한이나 직책, 능력 따위에 따라 일정한 분야에서 하는 역할과 작용.	인체 기관의 작용과 활동능력.
기사 技士	① =운전기사. ② 기술계 기술 자격 등급의 하나. 1급과 2급의 두 등급이 있다. ③ 이전의 기술직 6급 공무원의 직급.	엔지니어 아래 직급의 기사.
기차 汽車	기관차에 객차나 화물차를 연결하여 궤도 위를 운행하는 차량.	자동차.
난리 亂離	① 전쟁이나 병란 ② 분쟁, 재해 따위로 세상이 소란하고 질서가 어지러워진 상태 ③ 작은 소동을 비유적으로 이르는 말.	전란으로 뿔뿔이 헤어지다.
냉장고 冷藏庫	식품이나 약품 따위를 차게 하거나 부패하지 않도록 저온에서 보관하기 위한 상자 모양의 장치.	냉동 창고.
대신 代身	① (명사, 대명사 뒤에 쓰여) 어떤 대상과 자리를 바꾸어서 있게 되거나 어떤 대상이 하게 될 구실을 바꾸어서 하게 됨. 또는 그렇게 되는 새로운 대상. ② (어미 '-은', '-는' 뒤에 쓰여) 앞말이 나타내는 행동이나 상태와 다르거나 그와 반대임을 나타내는 말.	① 불교에서 불, 보살이 중생을 인도하기 위해 잠시간 인간 세상에 보여주는 여러 가지 형상. ② 추상적인 관념의 구체적 형상.

218

한자어	한국어	중국어
댁 宅	① 남의 집이나 가정을 높여 이르는 말. ② 남을 높여 그의 아내를 이르는 말. ③ 예전에, 양반이 하인 앞에서 자기 집을 이르던 말.	거처.
덕 德	① 도덕적 . 윤리적 이상을 실현해 나가는 인격적 능력 . ② 공정하고 남을 넓게 이해하고 받아들이는 마음이나 행동. ③ =덕분. ④ =공덕02 [1].	① 훌륭한 품성 ② 도덕 ③ 신념 ④ 은혜 ⑤ 독일.
도 道	전국 각	
면 面	행정 단위	
명절 名節	① 해마다 일정하게 지키어 즐기거나 기념하는 때. ② 국가나 사회적으로 정하여 경축하는 기념 일.	명예와 절조 (문어).
명함 名銜	① 성명, 주소, 직업, 신분 따위를 적은 네모난 종이쪽 . ② 남의 이름을 높여 이르는 말 .	성명이나 관직.
물론 勿論	('…은 물론이다' 구성으로 쓰여) 말할 것도 없음 .	추궁하지 않음 . 말하지 않음.
반면 反面	(주로 '반면에' 꼴로, '-은, -는' 활용형 다음에 쓰여) 뒤에 오는 말이 앞의 내용과 상반됨을 나타내는 말.	① 부정적이거나, 소극적인 면 ② 물체의 정면과 반대되는 면 ③ (일, 문제)의 다른 일면, 반면.
반지 半指/斑 指	한 짝으로만 끼게 된 가락지.	처음엔 화살을 당기기 위 해, 오른 손 엄지에 끼는 것. 후엔 장식품으로도 쓰였다.

한자어	한국어	중국어
번지 番地	①땅을 일정한 기준에 따라 나누어서 매겨 놓은 번호 . 또는 그 땅. ② =주소01.	소수민족 지역 또는 외국
부서 部署	기관, 기업, 조직 따위에서 일이나 사업의 체계에 따라 나뉘어 있는, 사무의 각 부문.	배치, (인력 · 임무 등을) 안 배.
비난 非難	남의 잘못이나 결점을 책잡아서 나쁘게 말함.	① 꾸짖다, 질책하다 . ② 그렇다고는 생각하지 않다.(경시하는 뜻)
사과 沙果/砂果	사과나무의 열매.	沙果 능금 砂果(방언) 고구마.
사정 事情	①일의 형편이나 까닭②어떤 일의 형편이나 까닭을 남에게 말하고 무엇을 간청함.	① 일, 사건 ② 업무, 직무 ③ 볼일, 용무 ④ (관혼상제 따위의) 대사(大事) ⑤ (사물 의) 진상, 실정, 사정 ⑥ (事理)와 人情(문어) ⑦ 사고.
삼촌 三寸	①세 치. ②아버지의 형제. 특히 결혼하지 않은 남자 형제를 이른다. ② 직계로는 자기나 배우 자로부터 삼대 위나 삼대 아래의 친족, 방계로는 부모와 같은 항렬 의 백부모. 숙부모 또는 형제의 자녀와의 촌수.	혀.
상 床	①음식을 차려 내거나 걸터앉거나 책을 올려놓고 볼 수 있게 만든 가구를 통틀어 이르는 말. ②(수량을 나타내는 말 뒤에 쓰여) '①'에 음식을 그득하게 차린 것을 세는 단위.	침대. 또는 침대같이 생긴 물건.
생선 生鮮	「명」 말리거나 절이지 아니한, 물에서 잡아낸 그대로의 물고기.	① 싱싱하다 ② 산뜻함과 아름다움이 첨가되다.

220

부록

한자어	한국어	중국어
소용 所用	쓸 곳. 또는 쓰이는 바.	① 사용하다 ② 필요한 것.
실수 失手	① 조심하지 아니하여 잘못함 또는 그런 행위 ② =실례01.	① 손에서 놓치다[빠지다] ② 지다, 패배하다. [주로 의외의 결과에 대해 쓰임]
실태 實態	있는 그 대로의 상태, 또는 실제의 모양.	① 세상 물정 ② 그 당시 사람들의 의지.
안부 安否	어떤 사람이 편안하게 잘 지내는지 그렇지 아니한지에 대한 소식. 또는 인사로 그것을 전하거나 묻는 일.	편안한지 아니면 불안한지, 길한지 또는 흉한지를 가리킨다.
액수 額數	① 돈의 머릿수. ② 사람의 수.	규정된 숫자. 정수(定數). 정액(定額).
약속 約束	다른 사람과 앞으로의 일을 어떻게 할 것인가를 미리 정하여 둠. 또는 그렇게 정한 내용. ≒권약.	제약, 제한, 구속.
약수 藥水	먹거나 몸을 담그거나 하면 약효가 있는 샘물.	액체상태의 약,
업종 業種	직업이나 영업의 종류.	①(욕설)방탕아. 천벌을 받을 놈 ② (초기백화)사랑스러운 사람에 대한 애칭.
연간 年間	① 한 해 동안. ② 어느 왕이 왕위에 있는 동안.	특정한 시기 또는 특정한 연대.
연극 演劇	①『연』배우가 각본에 따라 어떤 사건이나 인물을 말과 동작으로 관객에게 보여 주는 무대예술 ② 남을 속이기 위하여 꾸며 낸 말이나 행동.	① 극을 공연하다 ② 연극 종목.
엽서 葉書	①『통』=우편엽서. ② =그림엽서.	① 나뭇잎으로 쓴 서신. ② 불경의 약칭.

221

한자어	한국어	중국어
외제 外製	=외국제(外國製).	唐宋시기 황제가 내리는 명령 중의 한 종류.
요리 料理	①음식을 일정한 방법으로 만듦. 또는 그 음식. ②어떤 대상을 능숙하게 처리함을 속되게 이르는 말.	돌보다, 처리하다, 정리하다.
요일 曜日	일주일의 각 날을 이르는 말.	①찬란한 햇살 ②햇빛.
요청 要請	①필요한 일이 이루어지도록 요긴하게 부탁함. 또는 그런 부탁 ②『수1』=공준(公準) [1] ③『철』=공준 [2].	초청하다.
운전 運轉	①기계나 자동차 따위를 움직여 부림. ②사업이나 자본 따위를 조절하여 움직임.	①회전하다, 돌다, 운행하다. ②(기계가) 돌아가다, (기계를) 운전하다. ③기관, 단체에서 권력을 행사하여 활동을 진행하다. ④(식량을) 운송하다.
이중 二重	①두 겹. ②두 번 거듭되거나 겹침. ③『음』불교의 성명 (聲明)에서 음역을 세 옥타브로 가를 때, 중간 높이의 음역.	전쟁할 때 공격하면 상을, 후퇴하면 중벌을 줌을 가리킴.
일기 日氣	=날씨01.	햇볕의 뜨거운 열.
입대 入隊	『군』군대에 들어가 군인이 됨.	①대열에 들어감 ②중국소년 선봉대에 참가하다.
입시 入試	=입학시험.	시험장에 들어가 시험을 보다.
작성 作成	①서류, 원고, 계획 따위를 만듦. ②운동 경기 따위에서, 기록에 남길 만한 일을 이루어 냄.	①도와서 성공시키다. 돌보다 ②기르다, 양성하다. ③척을 하다.

한자어	한국어	중국어
적성 適性	어떤 일에 알맞은 성질이나 적응 능력. 또는 그와 같은 소질이나 성격.	마음에 듦. 뜻에 맞음.
점수 點數	① 성적을 나타내는 숫자 ② 물건의 가짓수.	숫자를 점검하다[조사하다].
점심 點心	① 낮에 끼니로 먹는 음식. ② 『민』 무당이 삼신에게 떡과 과일 따위의 간단한 음식을 차려 놓고 비는 일. ③ 『불』 선원에서, 배고플 때에 조금 먹는 음식.	간식.
정거장 停車場	버스나 열차가 일정하게 머무르도록 정하여진 장소.	주차장.
정비 整備	① 흐트러진 체계를 정리하여 제대로 갖춤. ② 기계나 설비가 제대로 작동하도록 보살피고 손질함. ③ 도로나 시설 따위가 제 기능을 하도록 정리함.	준비하다.
제시 提示	① 어떠한 의사를 말이나 글로 나타내어 보임. ② 검사나 검열 따위를 위하여 물품을 내어 보임. ③ 『교1』 오단(五段) 교수법에서, 새로운 교재를 아동에게 보이는 두 번째 단계.	힌트를 줌 또는 힌트. 주의를 주다.
주문 注文	① 어떤 상품을 만들거나 파는 사람에게 그 상품의 생산이나 수송, 또는 서비스의 제공을 요구하거나 청구함. 또는 그 요구나 청구. ② 다른 사람에게 어떤 일을 하도록 요구하거나 부탁함. 또는 그 요구나 부탁.	주해, 해석한 글.

한자어	한국어	중국어
중학생 中學生	중학교에 다니고 있는 학생. ≒중학도.	중·고등학생.
직전 直前	(주로 '직전에' 꼴로 쓰여) 어떤일이 일어나기 바로 전.	① 곧장 앞으로 가다. ② 태자부 내의 관직명.
진급 進級	계급, 등급, 학년 따위가 올라감.	관리의 등급이 올라가다(문어).
진출 進出	① 어떤 방면으로 활동 범위나 세력을 넓혀 나아감. ② 앞으로 나아감.	① 출입, 드나들다. ② 수입과 지출. 수지(收支). ③ 수출입.
총장 總長	① 어떤 조직체에서 사무 전체를 관리하는 최고 행정 책임 직위. 또는 그 직위에 있는 사람. ②『교1』각 대학교를 대표하는 기관장. ③『역』대한 제국 때에 둔, 원수부 각 국(局)의 으뜸 벼슬. ④『역』대한 제국 때에 둔, 관세국의 으뜸 벼슬.	북양 군벌(北洋軍閥) 시기 의 중앙 정부 각 부의 장관(長官).
축제 祝祭	① 축하하여 벌이는 큰 규모의 행사. '잔치', '축전'으로 순화. ② 축하와 제사를 통틀어 이르는 말.	제사를 책임진 사람이 제사를 지내다.
출장 出張	용무를 위하여 임시로 다른 곳으로 나감.	카드놀이를 할 때 카드를 냄.
치약 齒藥	이를 닦는 데 쓰는 약.	이를 치료하는데 쓰는 약.
친정 親庭	결혼한 여자의 본집. ≒친정집.	부모.
판사 判事	대법원을 제외한 각급 법원의 법관.	심사 처리하다, 심리하다.
평화 平和	① 평온하고 화목함. ② 전쟁, 분쟁 또는 일체의 갈등이 없이 평온함. 또는 그 런 상태.	① (성격이나 언행이) 온화하다 ② (약성이) 부드럽다 ③ 평온하다, 안정되다.

한자어	한국어	중국어
한 限	① (주로 '없다', '있다'와 함께 쓰여) 시간, 공간, 수량, 정도 따위의 끝을, ② ('-기(가) 한이 없다' 구성으로 쓰여) 앞에 쓰인 형용사의 정도가 매우 심함을, ③ ('-는 한이 있더라도' 또는 '-는 한이 있어도' 구성으로 쓰여) 어떤 일을 위하여 희생하거나 무릅써야 할 극단적 상황을, ④ (주로 '-는 한' 구성으로 쓰여) 조건의 뜻을 나타내는 말.	① 지정된 범위 ② 범위를 정하다 ③ (문어) 문지방, 문턱.
해당 該當	① (주로 다른 명사 앞에 쓰여) 무엇에 관계되는 바로 그 것. ② 어떤 범위나 조건 따위에 바로 들어맞음. '들어맞음'으로 순화.	① 운명은 이렇게 정해진 것. ② 당연하다. 마땅하다. 응당하다.
형수 兄嫂	① 같은 부모에게서 태어난 사이거나 일가친척 가운데 항렬이 같은 남자들 사이에서 형의 아내를 이르는 말. ② 남남의 남자끼리 형뻘이 되는 사람의 아내를 정답게 이르는 말.	형과 형수.
형편 形便	① 일이 되어 가는 상태나 경로 또는 결과. ② 살림살이의 형세. ③ 이익을 차리는 생각. ④ 땅이 생긴 형상.	① 유리한 지리적 형세 ② 형세의 발전이 유리한 시기.
호남 湖南	전라남도와 전라북도 지역을 일컫는 명칭.	호남성(湖南省).
회사 會社	『경』 상행위 또는 그 밖의 영리 행위를 목적으로 하는 사단 법인.	옛날의 정치·종교·학술단체.

한자어	한국어	중국어
회전 回轉/ 廻轉	① ≒전회05 ② ≒전회05 [2] ③ ≒전회05 [3] ④『경』투자한 자금이 모두 걷히는 기간 또는 구입한 상품이 모두 팔릴 때까지의 기간. ⑤『수1』평면 또는 공간의 도형이, 그 각 점의 서로의 위치를 바꾸지 않고 한 점이나 고정축을 중심으로 일정한 거리나 각도를 이동하는 것 또는 계속해서 돌아가는 것. ⑥『예』=돌기02 [5].	①돌아오다, 돌아가다 ②마음을 돌리다, 생각을 바꾸다.
희곡 戲曲	①공연을 목적으로 하는 연극의 대본. ② 등장인물들의 행동이나 대화를 기본 수단으로 하여 표현하는 예술 작품.	① 각종 地方劇을 포함한 중국의 전통적인 희곡 ② 雜劇과 傳奇 중의 唱詞.

〈부록 5〉

한국어 한자어와 중국어 어휘의
동의완전이형한자어

한국어		중국어
간식	間食	零食
감기	感氣	感冒
계좌	計座	帐户
고등학생	高等學生	高中生
고생	苦生	劳苦, 辛苦
공기	空器	碗
공중전화	公衆電話	公用电话
공책	空冊	本子
구청	區廳	区政府
근래	近來	近日
근로자	勤勞者	工人
기성세대	旣成世代	
기원전	紀元前	公元前
기혼	旣婚	已婚
나침반	羅針盤	指南针
남매	男妹	兄妹
남편	男便	丈夫
내용물	內容物	
내후년	來後年	大后年
냉방	冷房	冷气设备
농구	籠球	篮球

한국어		중국어
농담	弄談	玩笑
다행	多幸	庆幸
단계	段階	阶段
답장	答狀	回信
대비	對備	防备
대입	大入	大学入学
대출	貸出	贷款
대통령	大統領	总统
대학원	大學院	研究生院
대합실	待合室	候车室, 候机室
덕분	德分	多亏
도심	都心	城市中心
도입	導入	引进, 采用
도착	到着	到达
독감	毒感	流感
독일어	獨逸語	德语
동양인	東洋人	东方人
등록금	登錄金	注册费, 学费
등록증	登錄證	证明, 凭证
만약	萬若	万一
면접	面接	面试

한국어		중국어
무궁화	無窮花	槿花
무료	無料	免费
반대편	反對便	对面
반찬	飯饌	菜肴
방송국	放送局	电视台
방송사	放送社	
배달	配達	投递
봉사	奉仕	服务
봉지	封紙	袋
부처	部處	
부품	部品	零件, 配件
분위기	雰圍氣	气氛
사무직	事務職	白领
사업자	事業者	个体户
사진기	寫眞機	照相机
사촌	四寸	表兄弟, 堂兄弟
사회자	司會者	主持人
산소	酸素	氧气
삼계탕	蔘鷄湯	
상대편	相對便	对方
생방송	生放送	直播
서류	書類	文件, 档案
선물	膳物	礼物
설탕	雪糖	白砂糖
성함	姓銜	尊姓大名
세탁기	洗濯機	洗衣机
세탁소	洗濯所	洗衣店

한국어		중국어
소풍	逍風	兜风, 郊游
수입품	輸入品	进口货
수표	手票	支票
수험생	受驗生	考生
수화기	受話器	听筒
숙제	宿題	作业
승용차	乘用車	轿车
시댁	媤宅	婆家
시부모	媤父母	公婆
시작	始作	开始, 开头
시중	市中	上市
시청	市廳	市政府
시합	試合	竞赛, 比赛
안내	案內	向导, 指引
야구	野球	棒球
야구장	野球場	棒球场
야단	惹端	叱责
여건	與件	条件
여고생	女高生	女高中生
여대생	女大生	女大学生
여동생	女同生	妹妹
역할	役割	角色
연두색	軟豆色	淡绿色
영화관	映畵館	电影院
영화배우	映畵俳優	电影演员
영화	映畵	电影
영화제	映畵祭	电影节

한국어		중국어
예금	預金	存款
예식장	禮式場	喜堂, 婚礼场
온돌	溫突	火炕
외삼촌	外三寸	舅舅
요금	料金	费用
요리사	料理師	厨师
운전기사	運轉技士	司机
운전사	運轉士	驾驶员
운전자	運轉者	驾驶者
월세	月貰	房租
음반	音盤	唱片
의류	衣類	服装, 衣物
이사장	理事長	董事長
인간성	人間性	为人
인삼차	人蔘茶	
인상	引上	上涨
인하	引下	下调
입력	入力	输入
입사	入社	加入公司
자동차	自動車	汽车
자부심	自負心	自豪感
자전거	自轉車	自行车
자체	自體	自己, 自行
자판	字板	键盘
장갑	掌匣	手套
장애인	障碍人	残疾人
재수	財數	运气

한국어		중국어
재작년	再昨年	前年
저번	這番	上一次
전구	電球	电灯泡
전문점	專門店	专卖店
전세	傳貰	租赁
전철	電鐵	地铁
점심시간	點心時間	中午
정답	正答	正确答案
정류장	停留場	车站
정반대	正反對	正相反
제과점	製菓店	糕饼店
종업원	從業員	服务员
주식	株式	股票
주전자	酒煎子	壶
중계방송	中繼放送	转播
증세	症勢	症状
지갑	紙匣	钱包
지점	支店	分店
직장인	職場人	上班族
진행자	進行者	主持人
차례	次例	顺序
차선	車線	行车线
찻잔	茶盞	茶杯
채점	採點	评分
책방	冊房	书铺
책상	冊床	书桌
천장	天障	天棚

한국어		중국어
초등학교	初等學校	小学校
초등학생	初等學生	小学生
초록색	草綠色	
초반	初盤	初期
초보자	初步者	初学者
최상	最上	头等
최선	最善	最佳
최악	最惡	最坏
추석	秋夕	中秋
출퇴근	出退勤	上下班
칠판	漆板	黑板
침대	寢臺	床
탁구	卓球	乒乓球
토대	土臺	基礎, 根基
통장	通帳	存折
퇴근	退勤	下班
편지	便紙	书信, 信函
포장마차	布帳馬車	有棚的马车
학번	學番	学号
학부모	學父母	家长
학점	學點	学分
한복	韓服	
할인	割引	折扣, 打折
해소	解消	消除
현관문	玄關門	房门
형부	兄夫	姐夫
호실	號室	

한국어		중국어
홍보	弘報	宣传, 广告
화장실	化粧室	洗手间
화장지	化粧紙	卫生纸
환갑	還甲	花甲
휴지통	休紙桶	垃圾桶
휴지	休紙	卫生纸, 手纸

저자약력

┃ 강비(姜飞)

山东工商学院(Shandong Technology and Business University)
중국, 산동공상대학교 외국어대학 朝鲜语专业 교수
인천대학교 국어국문학과 문학석사 학위를 취득하고
인하대학교 국어교육학과 교육학박사 학위를 취득하였다.
주 연구 방향은 문법과 어휘 및 음운이며,
특히 외국인에게 한국어를 가르치는 데 깊은 관심을 갖고 있다.

저서
『한국어 학습자를 위한 음운교육 연구』(공저, 2011)
『중국인 학습자를 위한 한국어 교육 연구』(공저, 2014)
『한국어 추측 표현 교육 연구』(2017)

학술논문
「중국인 학습자를 위한 한국어 추측 표현 교수·학습 방안 연구」
「중국인 학습자를 위한 한국어 외래어 교육의 기초적인 연구」

초급 단계 중국인 한국어 학습자의
효과적인 한국 한자어 교육 연구

초 판 인 쇄   2024년 10월 25일
초 판 발 행   2024년 10월 29일

저   자   강비(姜飞)
발 행 인   윤석현
발 행 처   박문사
책 임 편 집   최인노
등 록 번 호   제2009-11호

우 편 주 소   서울시 도봉구 우이천로 353
대 표 전 화   02) 992 / 3253
전   송   02) 991 / 1285
홈 페 이 지   http://jnc.jncbms.co.kr
전 자 우 편   bakmunsa@hanmail.net

책 글 자 수   108,792자

ⓒ 강비 2024 Printed in KOREA.

ISBN 979-11-92365-72-5   93700   정가 17,000원